普通高等院校经济管理类"十三五"应用型规划教材
【经济管理类专业基础课系列】

统计学实验
STATISTICS EXPERIMENT

主　编　张兆丰
副主编　周　鑫

机械工业出版社
China Machine Press

图书在版编目（CIP）数据

统计学实验 / 张兆丰主编 . —北京：机械工业出版社，2017.6（2024.1重印）
（普通高等院校经济管理类"十三五"应用型规划教材·经济管理类专业基础课系列）

ISBN 978-7-111-56866-7

I. 统… II. 张… III. 统计学－实验－高等学校－教材 IV. C8-33

中国版本图书馆 CIP 数据核字（2017）第 094197 号

　　统计学是高等学校经济管理类专业的核心课程，而且是一门应用性、操作性非常强的课程。本教材共分 2 章，其中第 1 章主要介绍 Excel 和 SPSS 的重要界面和操作；第 2 章为统计学实验，内容涵盖统计调查、统计指标、统计图表、时间序列、抽样分布、参数估计、假设检验、方差分析、相关与回归分析等。统计学实验部分采用模块化设计，每个实验相对独立，既与教学内容无缝对接，又紧密结合联系实际，方便教师教学和学生学习。

　　本教材适合作为高等学校经济管理类专业本专科统计学课程设计或实训的教材，也可供统计学领域的社会经济工作者参考。

出版发行：机械工业出版社（北京市西城区百万庄大街 22 号　邮政编码：100037）
责任编辑：程天祥　　　　　　　　　　　　　　责任校对：李秋荣
印　　刷：北京建宏印刷有限公司　　　　　　　版　　次：2024 年 1 月第 1 版第 7 次印刷
开　　本：185mm×260mm　1/16　　　　　　　印　　张：6.5
书　　号：ISBN 978-7-111-56866-7　　　　　　定　　价：20.00 元

客服电话：(010) 88361066　68326294

版权所有·侵权必究
封底无防伪标均为盗版

Preface 前言

统计学是教育部规定的高等学校经济管理类专业的核心课程之一，是人们认识社会经济现象的基本方法论，它不但是经济管理类专业重要的专业基础课，而且是一门应用性、操作性非常强的课程。

为了适应培养应用技术型人才的需要，很多学校开设了与统计学理论课程相对应的统计学实践课程，如统计学课程设计、统计学实训等。为此，我们组织编写了这本教材。

在编写教材的过程中，我们力求体现以下特点：

1. 应用性。随着计算机技术的迅猛发展，掌握统计软件已经成为一种职业能力。应用统计软件得到相应的计算结果，并运用相关理论进行分析，是培养学生统计学应用能力的一种非常有效的方法。

2. 操作性。运用最常用的 Excel 2010 和 SPSS 24.0 软件进行计算，突出统计软件的操作性，使学生在操作过程中理解相关的统计学理论。

3. 模块化。在编写实验时，采用了模块化方法，每个实验相对独立，既与教学内容无缝对接，又紧密结合实际，方便教师教学和学生学习。

为了更好地配合教师的教学工作，以期达到理想的教学效果，本书免费提供丰富的配套教学资源，读者可在 http://www.hzbook.com/ps/ 下载。

本教材由张兆丰任主编。其中张兆丰负责教材内容的总体设计和总纂，并编写了第1章中的Excel2010简介，第2章中的实验2、实验3、实验 5、实验 6、实验 7、实验 8、实验 9 和实验 10 的 Excel 操作部分；黄小艳编写了第 2 章中的实验 1 以及实验 4 的 Excel 操作部分；周鑫编写了第 1 章中的 SPSS 简介、第 2 章中的 SPSS 操作部分。

  在本教材的编写和出版过程中，参阅了大量文献和相关资料，在此向这些文献的作者表示感谢。

  在本教材的出版过程中，机械工业出版社的编辑人员给予了很多帮助和大力支持，在此一并表示感谢。

  由于编者水平所限，本教材中难免有疏漏和不当之处，恳请同行和读者指正。

编 者

2017 年 2 月 15 日

Suggestion 教学建议

统计学实验是统计学理论课程的延伸和补充，是培养应用技术型人才的有效方法，所以任课教师要充分认识这门课程的重要地位，认真准备，切实提高教学质量。

由于各学校的具体情况不同，各专业的培养目标不同，各任课教师的认识程度也存在很大差异，为了保证教学质量，我们对统计学实验的教学工作提出以下建议：

1.备课。第一，注意理论知识与实际操作之间的关系，使学生能够在实际操作中加深对理论知识的理解和应用；第二，注意实验项目实际背景，引导学生观察和思考，理解实际问题和解决实际问题；第三，注意手工计算与软件计算的关系，一定要两者并重，不能过分依赖统计软件。

2.指导。统计学实验的主要教学形式是教师演示，学生按要求完成实验任务，教师进行相应的指导。其中，教师要充分发挥主导作用，引导学生理解统计问题，解决实际问题，特别要注意统计软件操作的细节问题，指导学生完成实验任务。

3.实验。统计学实验需要相应的硬件和软件，教师在实验前要熟悉实验室的工作环境和各项配置，对照实验项目进行准备，以保证实验能够顺利完成。

4.课时分配。由于不同专业、不同层次对统计学实验的要求是不同的，一般的原则是实验项目与理论内容相一致，可以选择不同的模块进行实验，在程度上也可以做出不同的要求，教师可以根据各自的实际情况进行调整。一般情况下的课时分配如表 0-1 所示。

表 0-1 统计学实验课时分配表

教学内容	本科	专科
第 1 章 统计软件简介	2	2
第 2 章 统计学实验		
2.1 实验 1	2	2
2.2 实验 2	2	2
2.3 实验 3	2	2
2.4 实验 4	2	2
2.5 实验 5	2	2
2.6 实验 6	2	选修
2.7 实验 7	2	选修
2.8 实验 8	2	选修
2.9 实验 9	2	选修
2.10 实验 10	2	2
合计	22	14

Contents 目 录

前言
教学建议

第1章 统计软件简介 / 1

1.1 中文 Excel 2010 简介 / 1
   1.1.1 启动与退出 / 1
   1.1.2 工作界面简介 / 2
   1.1.3 操作方法概述 / 6

1.2 SPSS 简介 / 8
   1.2.1 数据编辑窗口 / 8
   1.2.2 结果输出窗口 / 12
   1.2.3 结果编辑窗口 / 13
   1.2.4 语法编辑窗口 / 13
   1.2.5 脚本编辑窗口 / 14

第2章 统计学实验 / 15

2.1 实验1——统计调查 / 15
   2.1.1 实验目的 / 15
   2.1.2 实验项目 / 15
   2.1.3 实验报告 / 16

2.2 实验2——统计分组 / 16
   2.2.1 实验目的 / 16
   2.2.2 实验项目 / 16
   2.2.3 实验步骤 / 18
   2.2.4 实验报告 / 25

2.3 实验3——统计指标 / 25
   2.3.1 实验目的 / 25
   2.3.2 实验项目 / 26
   2.3.3 实验步骤 / 26
   2.3.4 实验报告 / 35

2.4 实验4——统计图 / 35
   2.4.1 实验目的 / 35
   2.4.2 实验项目 / 35
   2.4.3 实验步骤 / 37
   2.4.4 实验报告 / 49

2.5 实验5——时间序列 / 49

2.5.1 实验目的 / 49
2.5.2 实验项目 / 49
2.5.3 实验步骤 / 50
2.5.4 实验报告 / 57

2.6 实验6——抽样与抽样分布 / 57
2.6.1 实验目的 / 57
2.6.2 实验项目 / 58
2.6.3 实验步骤 / 59
2.6.4 实验报告 / 62

2.7 实验7——参数估计 / 63
2.7.1 实验目的 / 63
2.7.2 实验项目 / 63
2.7.3 实验步骤 / 64
2.7.4 实验报告 / 71

2.8 实验8——假设检验 / 71
2.8.1 实验目的 / 71

2.8.2 实验项目 / 71
2.8.3 实验步骤 / 72
2.8.4 实验报告 / 79

2.9 实验9——方差分析 / 79
2.9.1 实验目的 / 79
2.9.2 实验项目 / 79
2.9.3 实验步骤 / 80
2.9.4 实验报告 / 86

2.10 实验10——相关分析与回归分析 / 87
2.10.1 实验目的 / 87
2.10.2 实验项目 / 87
2.10.3 实验步骤 / 88
2.10.4 实验报告 / 95

参考文献 / 96

Chapter 1
第1章

统计软件简介

1.1 中文 Excel 2010 简介

Microsoft Excel 是美国微软公司开发的 Windows 环境下的电子表格系统，它是目前应用最为广泛的办公室表格处理软件之一。自 Excel 诞生以来历经了 Excel 5.0、Excel 95、Excel 97、Excel 2000、Excel 2010 等不同版本。随着版本的不断提高，Excel 软件强大的数据处理功能和操作的简易性逐渐走入一个新的境界，整个系统的智能化程度也不断提高，它甚至可以在某些方面判断用户的下一步操作，使用户操作大为简化。这些特性已使 Excel 成为现代办公软件重要的组成部分。

Excel 具有强有力的数据库管理功能和数据分析能力、丰富的宏命令和函数、强有力的图表能力和决策支持工具。

1.1.1 启动与退出

启动 Excel 的常用方法是：单击任务栏上的开始按钮，此时屏幕上出现一个弹出式菜单，将鼠标指向程序项后，屏幕出现另一个弹出菜单，选择 Microsoft Office → Microsoft Excel 2010，就可以启动 Excel 系统，此时屏幕上出现如图 1-1 所示的 Excel 主工作界面。若安装 Excel 时，生成了快捷工具栏，则双击其中的 Excel 按钮也可立即启动 Excel。当我们不使用 Excel 2010 时，需要退出该程序，用户可单击程序窗口右上角（即标题栏右侧）的 × 按钮退出程序，也可双击窗口左上角的程序图标或按【Alt+F4】组合键退出。

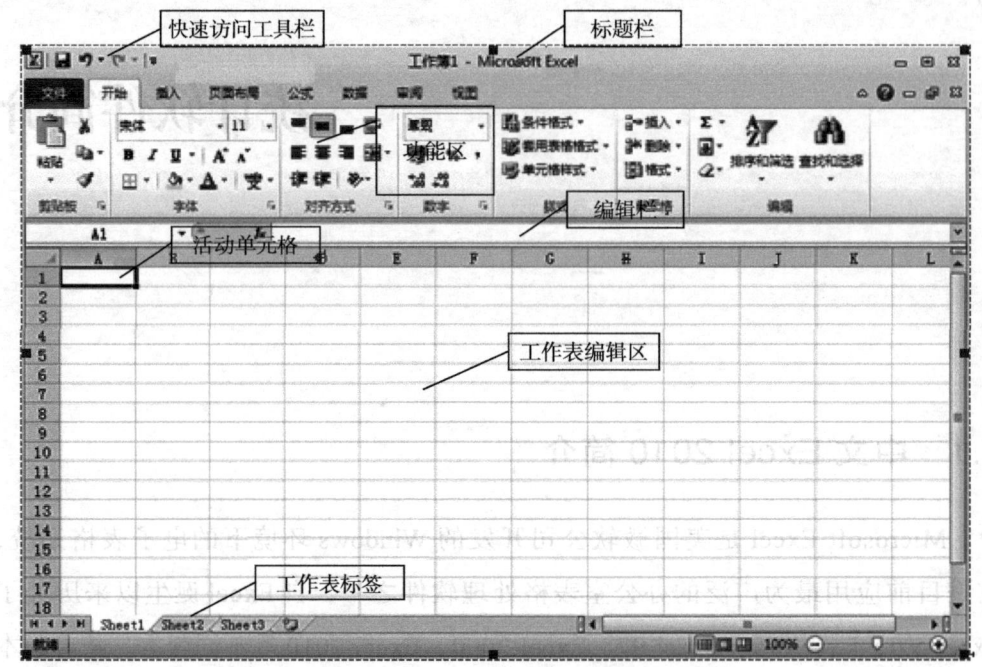

图 1-1 Excel 2010 的工作界面

1.1.2 工作界面简介

Excel 2010 的工作界面较之前版本有很大的改变，功能也比之前强大，主要有以下几个功能。

1. 快速访问工具栏

该工具栏位于工作界面的左上角，包含一组用户使用频率较高的工具，如"保存""撤消"和"恢复"。用户可单击"快速访问工具栏"右侧的倒三角按钮，在展开的列表中选择要在其中显示或隐藏的工具按钮。

2. 标题栏

该栏告诉用户正在运行的程序名称和正在打开的文件的名称。在 Excel 中打开的当前文件的文件名为工作簿 1.xls。在 Excel 中生成的文件就叫作工作簿，

Excel 2010 的文件扩展名是 .xlsx，也就是说，一个 Excel 文件就是一个工作簿。工作簿窗口包含了 16 张独立的工作表（sheet），开始时，窗口中显示第一张工作表 Sheet1，该表为当前工作表。当前工作表只有一张，用户可通过点击工作表下方的标签激活其他工作表为当前工作表。

3. 功能区

位于标题栏的下方，是一个由 9 个选项卡组成的区域。Excel 2010 将用于处理数据的所有命令组织在不同的选项卡中。单击不同的选项卡标签，可切换功能区中显示的工具命令，在每一个选项卡中，命令又被分类放置在不同的组中。组的右下角通常都会有一个对话框启动器按钮，用于打开与该组命令相关的对话框，以便用户对要进行的操作做更进一步的设置。

下面介绍两种重要的功能，其他功能将在具体的实验中穿插介绍。

（1）文件功能。文件功能为用户准备了访问 Excel 最常用命令的快捷按钮，如新建文件按钮、打开文件按钮、保存文件按钮、打印文件按钮等，如图 1-2 所示。

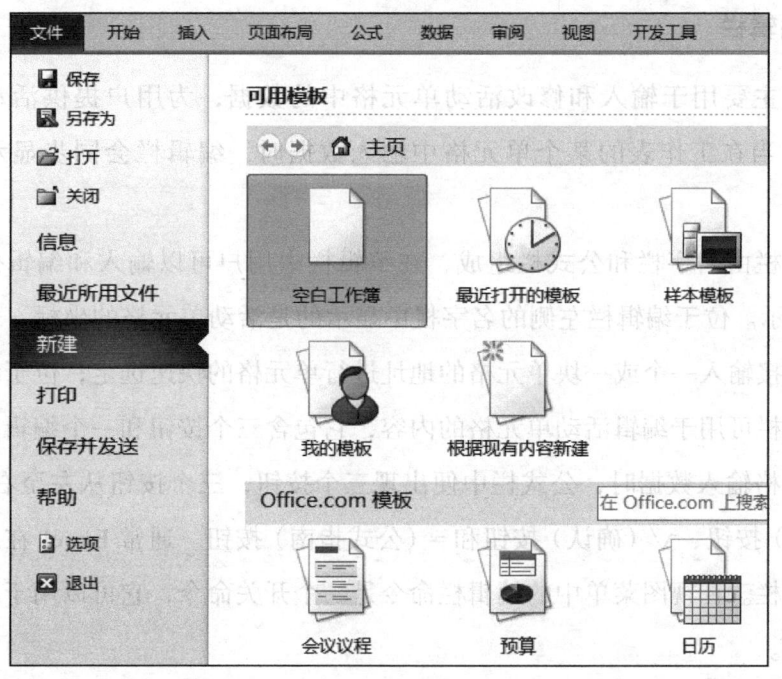

图 1-2　文件功能界面

（2）开始功能。开始功能用于文本编辑的有关命令，如字体、字号、对齐方式及其他选项，如图 1-3 所示。

图 1-3　开始功能界面

4. 编辑栏

该栏主要用于输入和修改活动单元格中的数据，为用户提供活动单元格的信息，当在工作表的某个单元格中输入数据时，编辑栏会同步显示输入的内容。

编辑栏由名字栏和公式栏组成，在编辑栏中用户可以输入和编辑公式，如图 1-4 所示。位于编辑栏左侧的名字栏中显示的是活动单元格的坐标，也可在名字栏中直接输入一个或一块单元格的地址进行单元格的快速选定；位于编辑栏右侧的公式栏可用于编辑活动单元格的内容，它包含三个按钮和一个编辑区。当向活动单元格输入数据时，公式栏中便出现三个按钮，三个按钮从左至右分别是：×（取消）按钮、√（确认）按钮和 =（公式指南）按钮。通常 Excel 在工作区中显示编辑栏。在视图菜单中的编辑栏命令是一个开关命令，它可以用于隐藏或显示编辑栏。

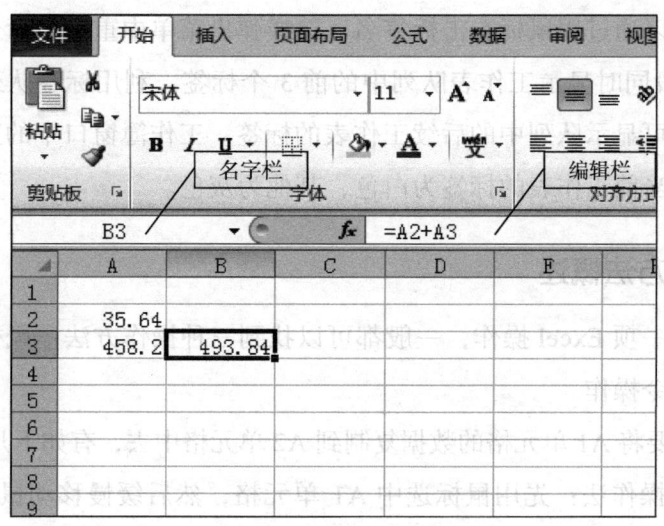

图 1-4 编辑栏界面

5. 工作表编辑区

用于显示或编辑工作表中的数据。工作表是显示在工作簿窗口中由行和列构成的表格，它主要由单元格、行号、列标和工作表标签等组成。行号显示在工作簿窗口的左侧，行数有 2^{20} 行；列标显示在工作簿窗口的上方，依次用字母 A、B、C 等来表示，列数有 2^{14} 列，每张工作表有 $2^{20} \times 2^{14}=1\,048\,576 \times 16\,384$ 个单元格，若从 Excel 导入的数据超过以上范围，则会被 Excel 自动截去。

单元格是 Excel 工作簿的最小组成单位，所有的数据都存储在单元格中。工作表编辑区中每一个长方形的小格就是一个单元格，每一个单元格都可用其所在的行号和列标标识，如 D12 单元格表示位于第 D 列第 12 行的单元格。

6. 工作表标签

工作表标签位于工作表左下角，通常用 Sheet1、Sheet2、Sheet3 等名称来表示，如图 1-5 所示，单击不同的工作表标签可在工作表间进行切换。

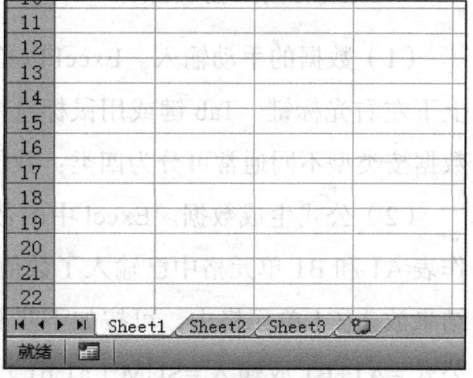

图 1-5 工作表标签界面

用户也可以通过用鼠标右击标签名，选择弹出菜单中重命名命令来修改标签名。Excel 一般同时显示工作表队列中的前 3 个标签。利用标签队列左边的一组标签滚动按钮可显示队列中的后续工作表的标签。工作簿窗口中的工作表称之为当前工作表，当前工作表的标签为白色，其他为灰色。

1.1.3 操作方法概述

要完成任一项 Excel 操作，一般都可以找到三种操作方法：鼠标操作、菜单操作和键盘命令操作。

例如，想要将 A1 单元格的数据复制到 A2 单元格中去，有如下几种操作方法：

（1）鼠标操作法：先用鼠标选中 A1 单元格，然后缓慢移动鼠标到 A1 单元格右下角的小正方形，当鼠标的形状变为黑色实心十字形之后（填充柄），拖动鼠标到 A2 单元格，然后放开鼠标，则 A1 的数据就复制到 A2 单元格了。

（2）菜单操作法：先用鼠标选中 A1 单元格，选择编辑菜单中的复制命令，然后用鼠标选中 A2 单元格，再选择编辑菜单中的粘贴命令，数据就复制到 A2 单元格了。

（3）键盘命令操作法：直接用鼠标选中 A2 单元格，从键盘输入 =A1 命令，则复制即告完成。

一般情况下，使用鼠标操作比较便捷，特别是填充柄的操作，可以实现很多功能。下面重点介绍几种常用的操作。

1. 数据的输入输出操作

（1）数据的手动输入。Excel 以单元格为单位进行数据的输入操作。一般用上下左右光标键、Tab 键或用鼠标选中某一单元格，然后输入数据。Excel 中的数据按类型不同通常可分为四类：数值型、字符型、日期型和逻辑型。

（2）公式生成数据。Excel 中的数据也可由公式直接生成。例如，在当前工作表 A1 和 B1 单元格中已输入了数值数据，欲将 A1 与 B1 单元格的数据相加的结果放入 C1 单元格中，可按如下步骤操作：用鼠标选定 C1 单元格，然后输入公式 =A1+B1 或输入 =SUM（a1:b1），回车之后即可完成操作。C1 单元格此时存放的实际上是一个数学公式 A1+B1，因此 C1 单元格的数值将随着 A1、B1 单元格的数值的改变而变化。Excel 提供了完整的算术运算符,如 +(加)-(减)*(乘)/(除)%(百分比)^(指数)和丰富的函数,如 SUM(求和)、CORREL(求相关系数)、STDEV(求标准差)等,供用户对数据执行各种形式的计算操作,在 Excel 帮助文件中可以查到各类算术运算符和函数的完整使用说明。

(3)复制生成数据。Excel 中的数据也可由复制生成。实际上,在生成的数据具有相同的规律性时,大部分的数据可以由复制生成。可以在不同单元格之间复制数据,也可以在不同工作表或不同工作簿之间复制数据,可以一次复制一个数据,也可同时复制一批数据,为数据输入带来了极大的方便。

2. 选择单元格或单元格区域

(1)选择单个单元格。将鼠标指针移至要选择的单元格上方后单击,选中的单元格以黑色边框显示,此时该单元格行号上的数字和列标上的字母将突出显示。

(2)选择相邻单元格。按下鼠标左键拖过想要选择的单元格,然后释放鼠标即可,如图 1-6a 所示;或单击要选择区域的第一个单元格,然后按住【Shift】键,单击要选择区域的最后一个单元格。

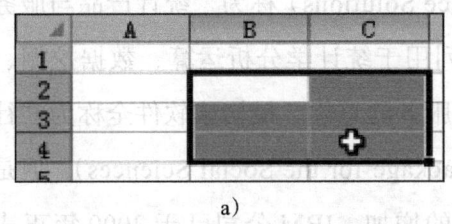 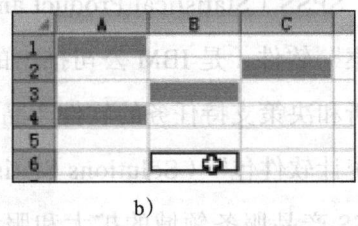

a)　　　　　　　　　　　　　　b)

图 1-6　选择单元格或单元格区域

(3)选择不相邻单元格或单元格区域。选择一个单元格或单元格区域后,按住【Ctrl】键选择其他单元格或单元格区域,可选择不相邻的多个单元格或单元格区域,如图 1-6b 所示。

(4)选取所有单元格。要选取工作表中的所有单元格,可按【Ctrl+A】组合键,或单击工作表左上角行号与列标交叉处的"全选"按钮。

(5)选择整行或整列。要选择工作表中的一整行或一整列,可将鼠标指针移到该行的左侧的行号或该列顶端的列标上方,当鼠标指针变成向右或向下的黑色箭头形状时单击即可。参考同时选择多个单元格的方法,可同时选择多行或多列。

3. 移动数据

在同一张工作表中移动数据的操作：用鼠标选中所要移动的单元格或单元格区域，将鼠标放置到单元格或单元格区域边缘，使其变成有四个方向箭头的十字，然后左击鼠标并拖动选中的单元格或单元格区域至指定位置。

在不同工作表或工作簿之间移动数据：用鼠标选中所要移动的单元格或单元格区域，右击鼠标，选择剪切或复制，然后在指定位置粘贴。

4. 删除数据

用鼠标选中所要删除的单元格或单元格区域，然后按下【Del】键即可删除选中单元格或单元格区域中的数据。

Excel2010 的操作非常丰富，具体的内容将在实验中穿插介绍。

1.2 SPSS 简介

SPSS（Statistical Product and Service Solutions）称为"统计产品与服务解决方案"软件，是 IBM 公司推出的一系列用于统计学分析运算、数据挖掘、预测分析和决策支持任务的软件产品及相关服务的总称。最初该软件全称为"社会科学统计软件包"（Solutions Statistical Package for the Social Sciences），但是随着 SPSS 产品服务领域的扩大和服务深度的增加，IBM 公司已于 2000 年正式将英文全称更改为"统计产品与服务解决方案"，这标志着 SPSS 的战略方向正在做出重大调整。下面以 SPSS for Windows 24.0 为蓝本，简单明了地介绍它的具体使用方法。

SPSS 主要有 5 类窗口，分别是数据编辑窗口、结果输出窗口、结果编辑窗口、语法编辑窗口和脚本编辑窗口。

1.2.1 数据编辑窗口

数据编辑窗口是 SPSS 软件中最常使用的窗口，它主要用来显示和处理数据，以及定义变量的属性。在此窗口的左下角可以看到数据视图和变量视图两个模块。

数据视图如图 1-7 所示,是一个提供类似于 Excel 电子表格的编辑窗口,在此可以录入编辑和待分析的数据。

图 1-7　数据视图

变量视图的功能主要是定义变量的相关属性。要建立新的 SPSS 数据文件首先需定义新变量,如图 1-8 所示。

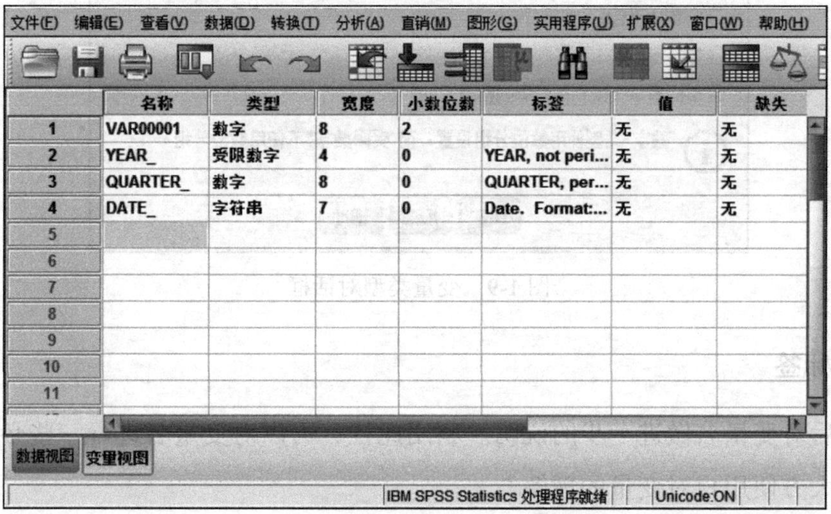

图 1-8　变量视图

下面具体介绍变量定义窗口中常用的属性含义与设置。

1. 名称

每个变量都要设置名称，且不允许变量间的名称重复。注意，系统不区分字母的大小写，且变量名称不能包含空格。如果不设置变量名，系统会给出默认的变量名，以字母"VAR"开头，后面补足5位数字，如"VAR00001""VAR00002"等。

2. 类型

接下来选择变量的类型。鼠标左键在"类型"一栏的空白处单击，点开图标为![]的按钮，弹出如图1-9所示的对话框。最常用的是数字、日期和字符串。每种类型都有默认的宽度和小数位，可以根据实际需要自行修改。

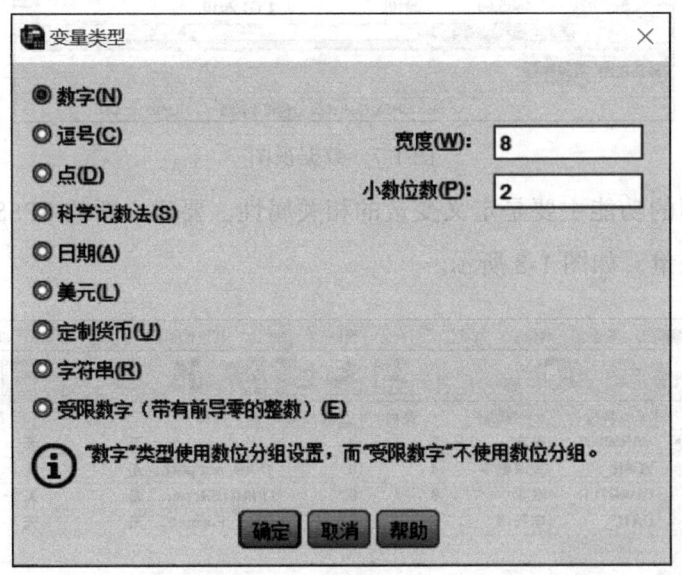

图1-9 变量类型对话框

3. 标签

然后对变量名做进一步的说明。利用此栏，可以对变量名进行一些必要的备注，大大方便用户对变量的理解。

值标签是对变量的可能取值进行进一步说明。可以将变量的类型由字符类型转换成数字类型。例如，要定义变量"性别"，鼠标左键在"类型"一栏的空白处单击，点开图标为▦的按钮，如果将"女"对应0，"男"对应1，则按照如图1-10所示的对话框进行设置。定义完变量的值标签后回到数据视图窗口中，在菜单栏点击【查看→值标签】，如图1-11所示，即可以在数据视图窗口中查看到被定义的数值型变量显示为所定义的标签，如"性别"一列显示的文本是"男""女"，而不再是0、1这样的数值。

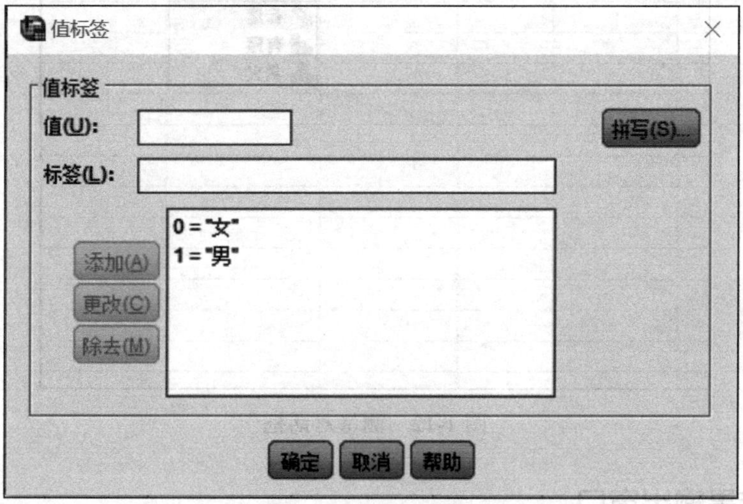

图1-10 设置对话框

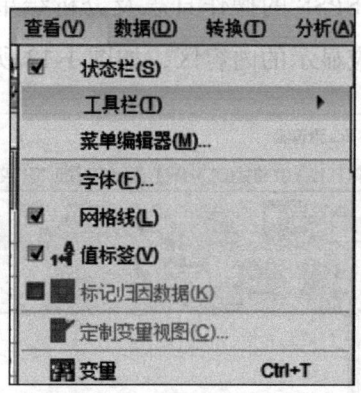

图1-11 值标签对话框

4. 测量

在"测量"一栏中可以看到有如图1-12所示的3种标准的度量尺度供选择。在定义变量的度量尺度时，应该视变量的数据类型和统计分析的需要来定，有序尺度和名义尺度可以是数值型和字符串型的变量，而标度尺度对应的变量类型只能是数值型。

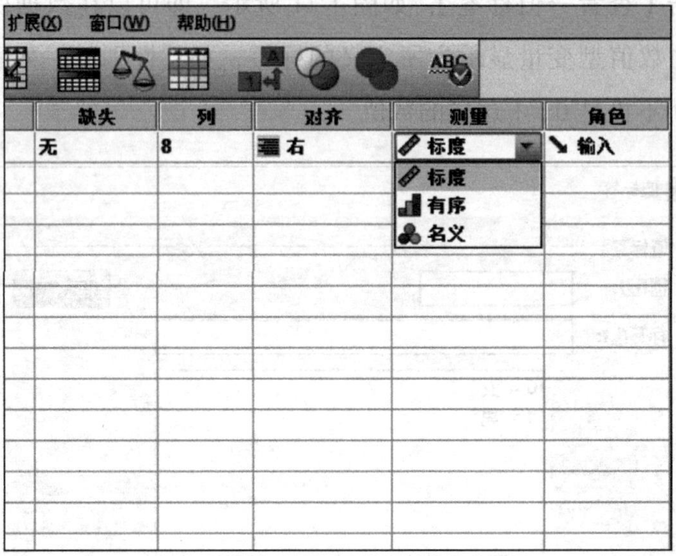

图 1-12 测量对话框

1.2.2 结果输出窗口

输出窗口是用来存放 SPSS 的操作日志及分析结果。整个窗口分为两个区，左边为目录区，右边是对应显示的内容区，如图 1-13 所示。

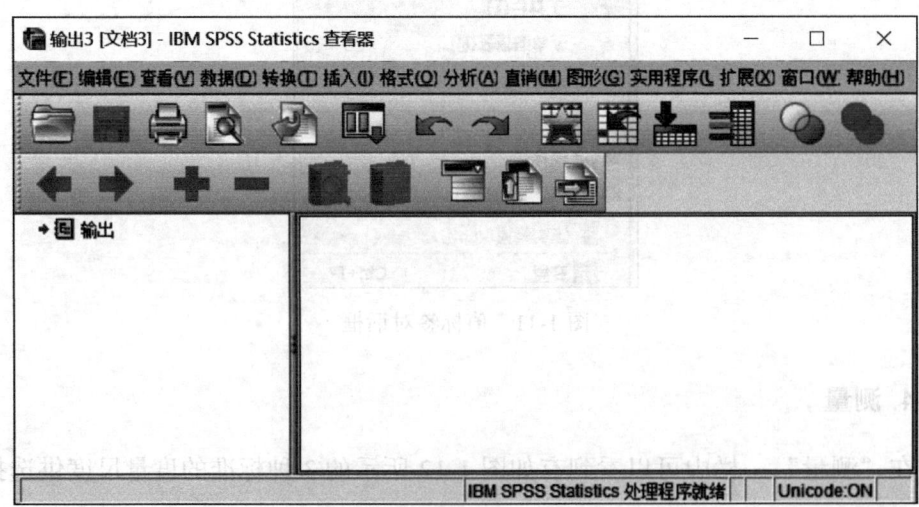

图 1-13 结果输出窗口

1.2.3 结果编辑窗口

结果编辑窗口是编辑分析结果的窗口。在结果输出窗口中选择要编辑的内容并用鼠标双击,或者单击右键,即可在单独的窗口中进行编辑。如图 1-14 所示。

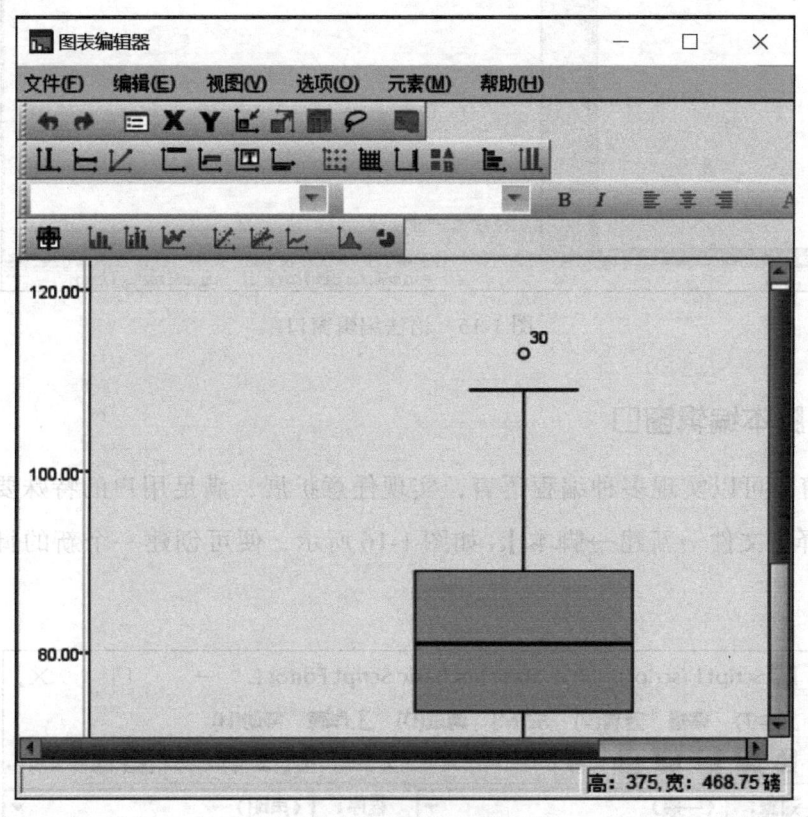

图 1-14 结果编辑窗口

1.2.4 语法编辑窗口

SPSS 除了提供便捷的菜单操作外,还提供语法编程。它不仅能实现菜单栏的所有操作,还能完成许多菜单栏不能覆盖到的一些功能,实现分析和控制自动化。语法编辑窗口是编写、调试和运行 SPSS 程序的窗口。菜单栏选择【文件→新建→语法】,如图 1-15 所示,便可创建一个新的语法编辑窗口。

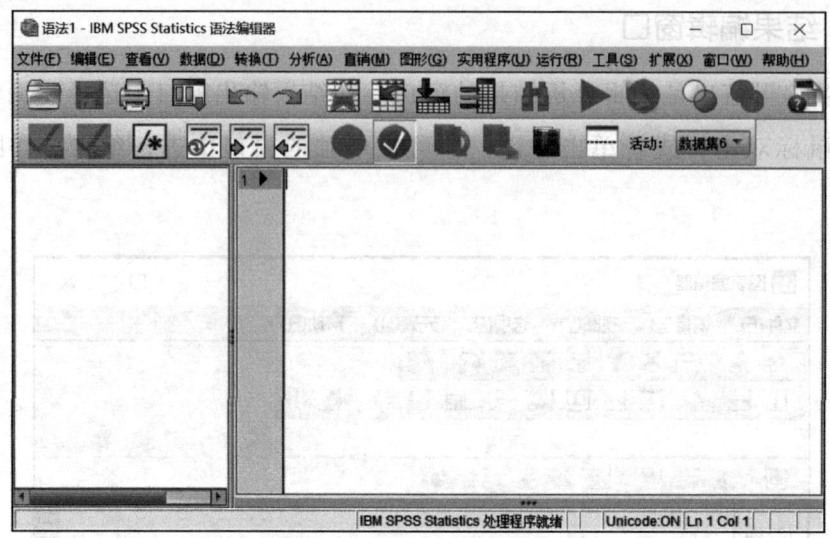

图 1-15 语法编辑窗口

1.2.5 脚本编辑窗口

此窗口可以实现多种编程语言，实现任意扩展，满足用户的特殊要求。菜单栏选择【文件→新建→脚本】，如图 1-16 所示，便可创建一个新的脚本编辑窗口。

图 1-16 脚本编辑窗口

__# Chapter 2
第2章

统计学实验

2.1 实验1——统计调查

2.1.1 实验目的

了解统计调查的步骤和环节，熟悉统计调查方法，掌握撰写统计调查报告的方法。

2.1.2 实验项目

○ 实验 1-1

随着移动互联网的快速发展，点餐、购物、订票等业务都趋于电子化和终端化，App的运用越来越广泛，大学生也不例外，在大学校园App的运用日益普遍。为了详细了解大学生使用App的情况，需要对大学生使用App的行业类型、数量、实际成交次数、成交金额等数据进行调查，获取第一手数据资料，形成真实可靠的调查结论。调查活动分组进行，4～6人为一组，完成下列项目：①确定调查题目；②设计调查方案；③设计调查问卷；④组织实施调查；⑤整理、分析调查数据；⑥撰写调查报告。

○实验1-2

随着中国经济的快速发展，汽车消费已经成为中国家庭消费的重要内容。受到观念、城市限号等因素的影响，人们在选择汽车号牌时会表现出不同的偏好，如特意选择单号（或双号），选择吉利数字等。为了了解某城市居民在选择汽车号牌时的特点，需要进行实际调查。调查活动分组进行，4～6人为一组，完成下列项目：①确定调查题目；②设计调查方案；③设计调查问卷；④组织实施调查；⑤整理、分析调查数据；⑥撰写调查报告。

2.1.3 实验报告

（1）调查方案；

（2）调查问卷；

（3）原始数据；

（4）整理数据的结果；

（5）调查报告。

2.2 实验2——统计分组

2.2.1 实验目的

掌握运用Excel和SPSS进行统计分组的方法。

2.2.2 实验项目

○实验2-1

某电动自行车生产商为了测试一种型号的电动自行车在充满电的情况下行驶的里程，抽取了200辆该型号的电动自行车进行实验。受到骑行者的体重、道路状况、环境以及电动自行车自身因素的影响，电动自行车个体行驶里程呈现出差异,实验数据见data2-1[一]。①行驶里程是确定性变量还是随机变量?是连续变量还是离散变量?②编制行驶里程分配数列统计表(见表2-1);③根据分配数列绘制行驶里程次数分布直方图和频率分布直方图;④说明两个直方图的特点。

表2-1 行驶里程分配数列

行驶里程	频数	频率(%)
40~50		
50~60		
60~70		
70~80		
80~90		
90~100		
100~110		
合计		

○实验2-2

一家酒店的管理者为了了解客人对酒店服务的评价,随机抽取了60位客人对酒店服务进行评分。评分以1分为单位,最高分为10分,评分数据见data2-2。①评分是连续变量还是离散变量?全距是多少?这种变量适合怎样分组?②编制评分分配数列统计表(见表2-2);③根据分配数列绘制评分次数分布直方图和频率分布直方图;④说明两个直方图的特点。

表2-2 评分分配数列

评分	频数	频率(%)
3		
4		
5		
6		
7		
合计		

○实验2-3

一家市场调查公司为了了解手机品牌市场占有率的情况,进行了一次市场调查。市场调查公司在一家手机经销商的销售记录中随机抽取了100条,数据

[一] 以下各节所涉data,读者可从http://www.hzbook.com/ps/下载。

见 data2-3。①品牌是一个什么性质的变量？②编制品牌分配数列统计表（见表 2-3）；③根据分配数列绘制品牌次数分布直方图和频率分布直方图；④说明两个直方图的特点。

表 2-3 手机品牌分配数列

品牌	频数	频率（%）
VIVO		
OPPO		
华为		
苹果		
三星		
小米		
联想		
中兴		
魅族		
HTC		
合计		

2.2.3 实验步骤

实验 2-1

（1）Excel 操作

① 打开 data2-1，将数据按升序排列得到最大值和最小值；

② 在 C2：C9 中设定分组组限：40-50，50-60，…，100-110；

③ 选中 D2 至 D9 单元格（注意：是将 D2 至 D9 单元格全部选中）；

④ 插入函数，在"选择类别"中选择统计函数，再选择 FREQUENCY 函数，确定，如图 2-1 所示；

⑤ 在 FREQUENCY 对话框 Data_array 中刷入需要分组的数据（A2：A201），在 Bins_array 中输入大括号及各组上限，上限之间用分号隔开（最后一组上限可不输入）：{50；60；70；80；90；100}，如图 2-2 所示；

⑥ 按下【Ctrl+Shift+Enter】组合键，即得次数分配数列的结果；

⑦ 根据次数分配数列可得频率分配数列的结果；

（注意：Excel 遵循的是下限不在组内的统计原则。）

⑧ 绘制直方图的方法：插入→柱形图→二维柱形图（第一种）→确定。在柱

形图绘图区域中点击选择数据菜单，弹出绘图对话框，如图 2-3 所示。在图表数据区域中刷入分配数列中的次数区域，再点击编辑按钮，刷入分组名称，确定后即得次数分布柱形图。在柱形图中选中柱形，点击右键，选择设置数据系列格式，将分类间隔设置为 0，确定后即得次数分布直方图。同样的方法可以得到频率分布直方图。

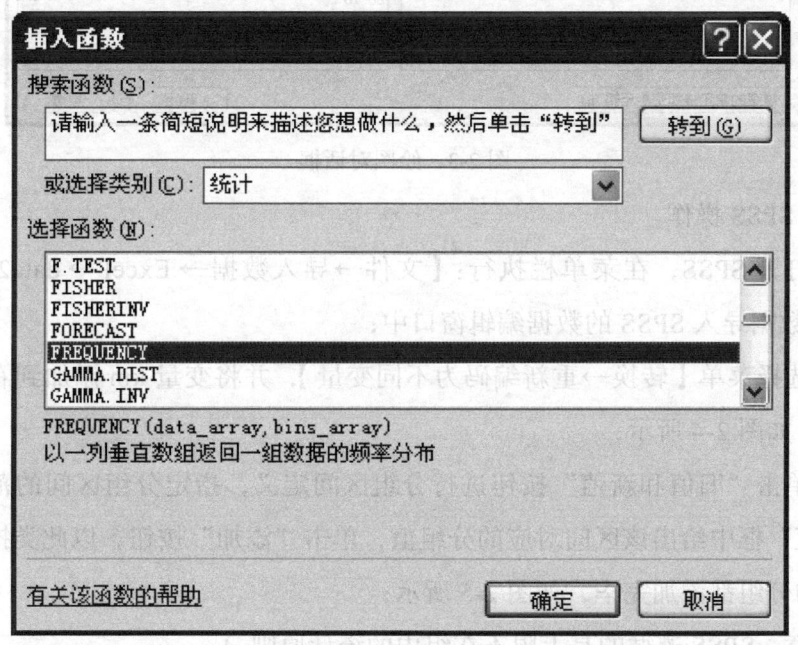

图 2-1　插入函数

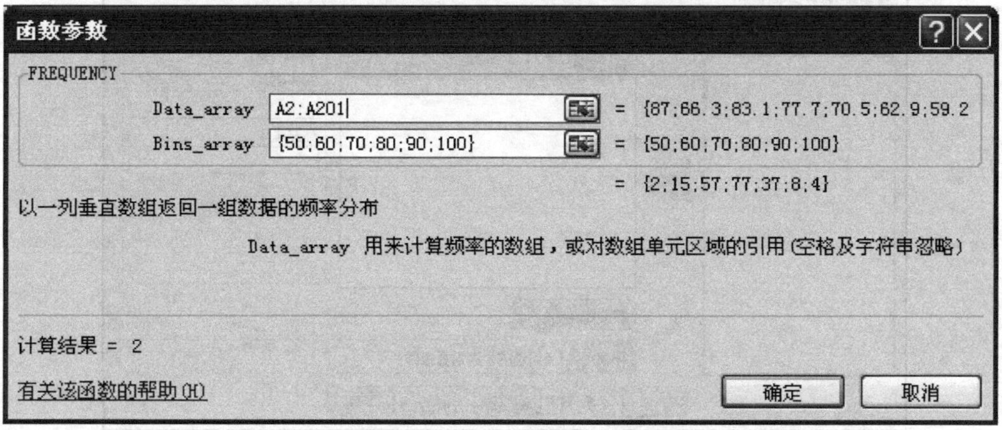

图 2-2　FREQUENCY 函数

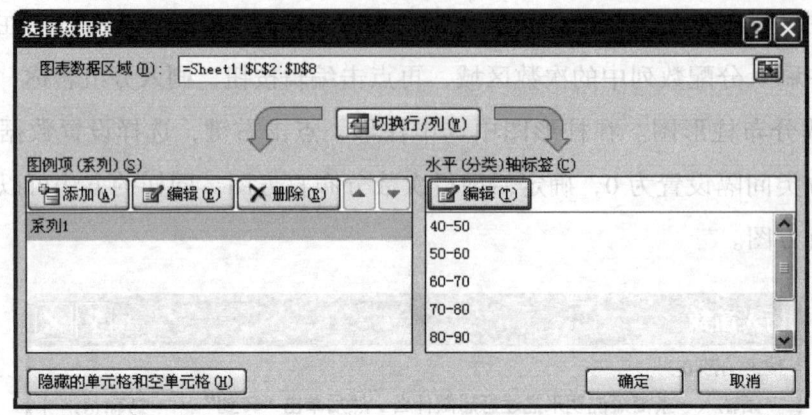

图 2-3 绘图对话框

（2）SPSS 操作

① 打开 SPSS，在菜单栏执行：【文件→导入数据→ Excel → data2-1】，将 Excel 的数据导入 SPSS 的数据编辑窗口中；

② 选择菜单【转换→重新编码为不同变量】，并将变量 km 添加到右边的空白框中，如图 2-4 所示；

③ 单击"旧值和新值"按钮进行分组区间定义，指定分组区间的范围，并在"新值"框中给出该区间对应的分组值，单击"添加"按钮，以此类推，直到把所有的分组都添加完毕，如图 2-5 所示；

（注意：SPSS 遵循的是上限不在组内的统计原则。）

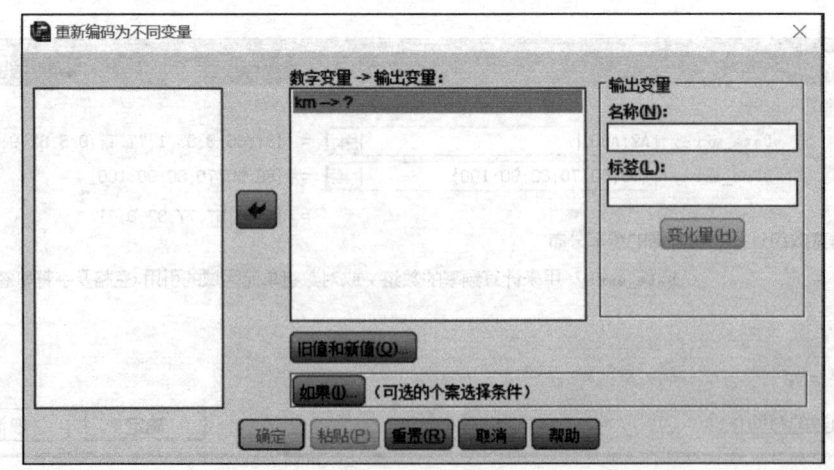

图 2-4 【重新编码为不同变量】对话框

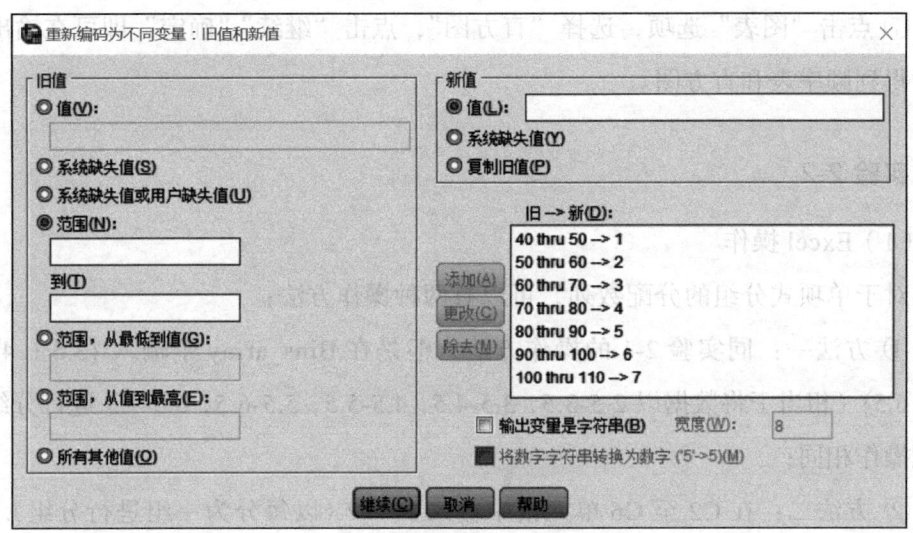

图 2-5　旧值转换为新值的设置

④ 最后点击"继续",将输出变量名称命名为"km1",并点击"变化量"、"确定"。这时回到 SPSS 数据视图窗口,我们发现刚才新设的变量"km1"及所对应的变量值出现在此窗口中;

⑤ 菜单栏点击【分析→描述统计→频率】,将新生成的变量"km1"添加到右边的空白窗口,并默认勾选"显示频率表",如图 2-6 所示;

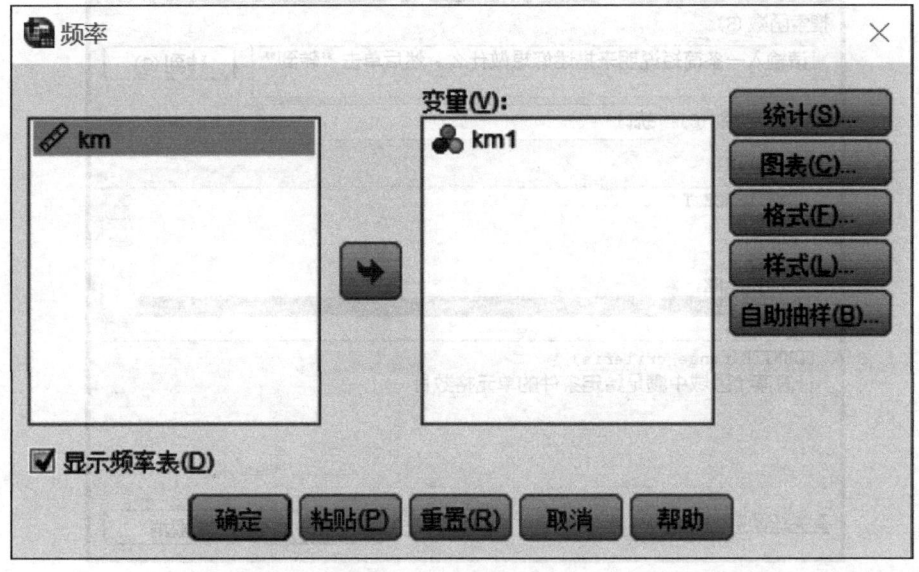

图 2-6　【频率】对话框

⑦ 点击"图表"选项，选择"直方图"，点击"继续""确定"即可在输出结果中得到频率表和直方图。

实验 2-2

（1）Excel 操作

对于单项式分组的分配数列，可以有两种操作方法：

① 方法一：同实验 2-1 的操作方法，但是在 Bins_array 中输入 {3.5；4.5；5.5；6.5}（相当于将数据以 2.5-3.5，3.5-4.5，4.5-5.5，5.5-6.5，6.5-7.5 进行分组），其他操作相同；

② 方法二：在 C2 至 C6 单元格中输入 3 ~ 7（以每分为一组进行分组），选中 D2 单元格插入 COUNTIF 函数，如图 2-7 所示。确定后弹出 COUNTIF 函数对话框，如图 2-8 所示。在 Range 中刷入 data2-2 中的数据后键入功能键 F4（含义是绝对引用），Criteria 中选中 C2（含义是以 C2 中的值为条件），确定后得到条件为 C2 中的值的分组结果。选中 D2 单元格，选中其填充柄向下拖动，即得其他各组的分组结果。再根据次数分配数列计算得到频率分配数列。

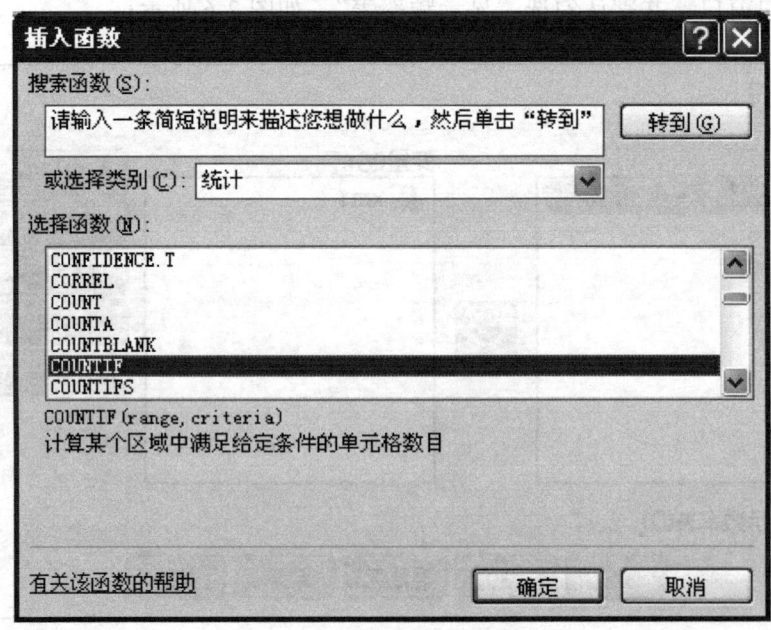

图 2-7　插入 COUNTIF 函数

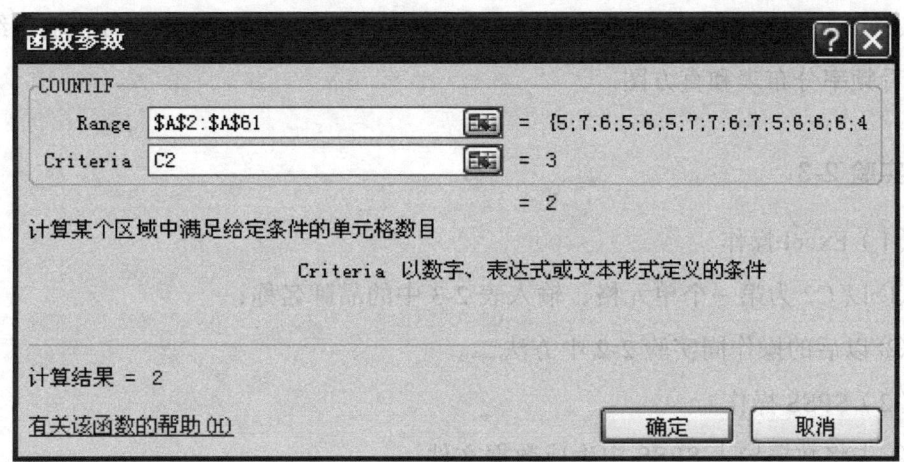

图 2-8 COUNTIF 函数对话框

（2）SPSS 操作

同实验 2-1 操作相同，只是此实验是将每一个变量值作为一组的单变量值分组。

① 将 data2-2 数据导入 SPSS 中，在菜单栏点击【分析→描述统计→频率】，将变量"评价得分"添加到右边的空白窗口，并默认勾选"显示频率表"，如图 2-9 所示；

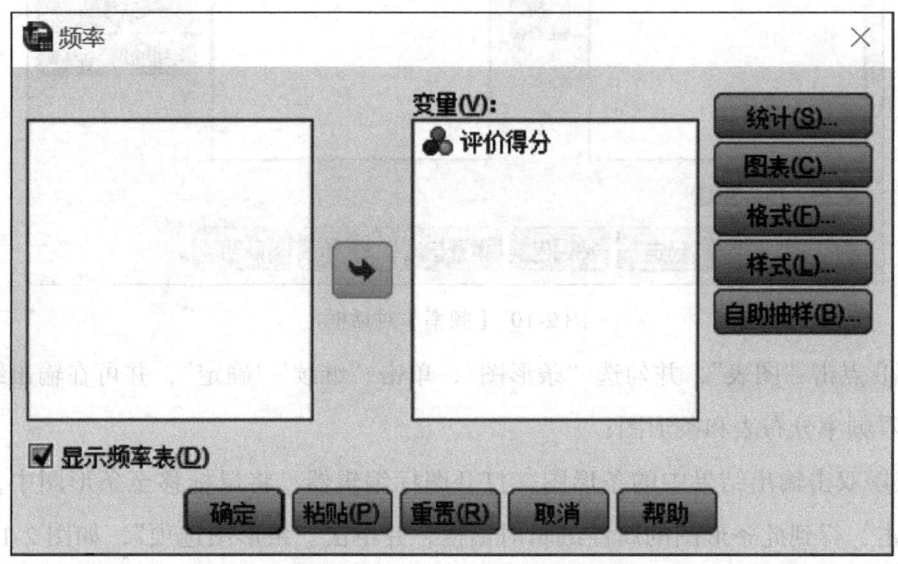

图 2-9 【频率】对话框

②点击"图表",并勾选"直方图",单击"继续""确定",并可在输出结果中查看频率分布表和直方图。

实验 2-3

(1) Excel 操作

① 以 C2 为第一个单元格,输入表 2-3 中的品牌名称;

② 以后的操作同实验 2-2 中方法二。

(2) SPSS 操作

①先将数据导入 SPSS 中生成数据文件;

② 在菜单栏执行:【分析→描述统计→频率】,并将"品牌"添加到右边的空白框中,并默认勾选"显示频率表",如图 2-10 所示;

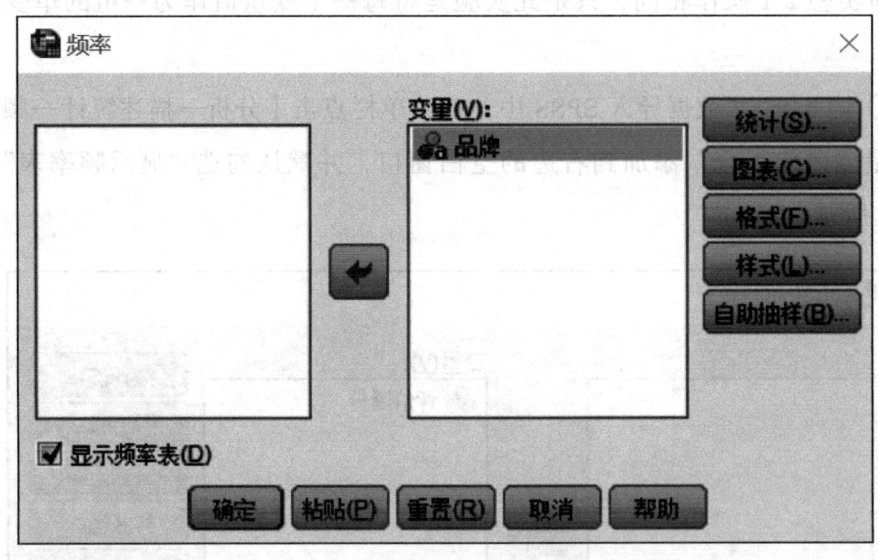

图 2-10 【频率】对话框

③点击"图表",并勾选"条形图",单击"继续""确定",并可在输出结果中查看频率分布表和条形图;

④ 双击输出结果中的条形图,打开图标编辑器,将鼠标移至条形图中,再次双击,得到此条形图的属性编辑对话框,并单击"条形图选项",如图 2-11 所示,将条形图的宽度调至 100%,最后点击"应用"即可。

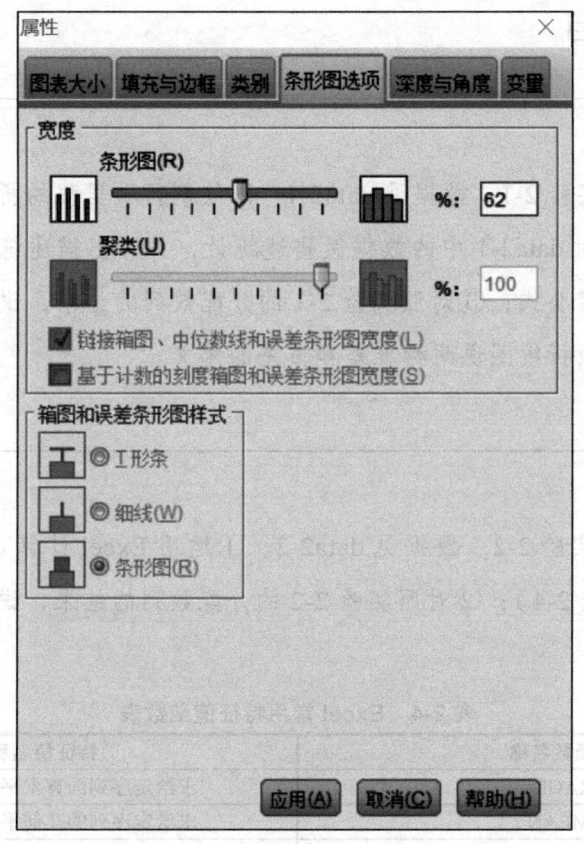

图 2-11 【属性】对话框

2.2.4 实验报告

(1) 操作过程和步骤;

(2) 实验 2-1、实验 2-2 和实验 2-3 的分配数列 (表 2-1、表 2-2 和表 2-3);

(3) 实验 2-1、实验 2-2 和实验 2-3 的分配数列对应的频数和频率分布直方图;

(4) 回答实验 2-1、实验 2-2 和实验 2-3 中的问题。

2.3 实验 3——统计指标

2.3.1 实验目的

掌握运用 Excel 和 SPSS 计算统计指标的方法。

2.3.2 实验项目

○ 实验 3-1

实验问题同实验 2-1,数据见 data2-1。①绘制行驶里程的折线图,并说明折线图的特点;②对 data2-1 中的数据做描述统计,并写出描述统计中平均数、标准差和方差的计算公式;③对照实验 2-1 的分配数列的结果,说明平均数位置的几何意义;④对照折线图说明标准差和方差的意义。

○ 实验 3-2

实验问题同实验 2-2,数据见 data2-2。①运用 Excel 计算 data2-2 数据的常用特征值(详见表 2-4);②对照实验 2-2 的分配数列的结果,说明这些特征值的统计意义。

表 2-4 Excel 常用特征值函数表

函数名称	特征值名称
AVERAGE	求给定序列的算术平均数
GEOMEAN	求给定序列的几何平均数
HARMEAN	求给定序列的调和平均数
MEDIAN	求给定序列的中位数
MODE	求给定序列的众数
MAX	求给定序列的最大值
MIN	求给定序列的最小值
QUARTILE.INC	求给定序列的四分位数
PERCENTILE.INC	求给定序列的第 K 个百分点的值
STDEV.S	求给定序列的样本标准差
STDEV.P	求给定序列的总体标准差
VAR.S	求给定序列的样本方差
VAR.P	求给定序列的总体方差

2.3.3 实验步骤

实验 3-1

(1) Excel 操作

① 打开 data2-1,选择插入→折线图→确定,如图 2-12 所示;

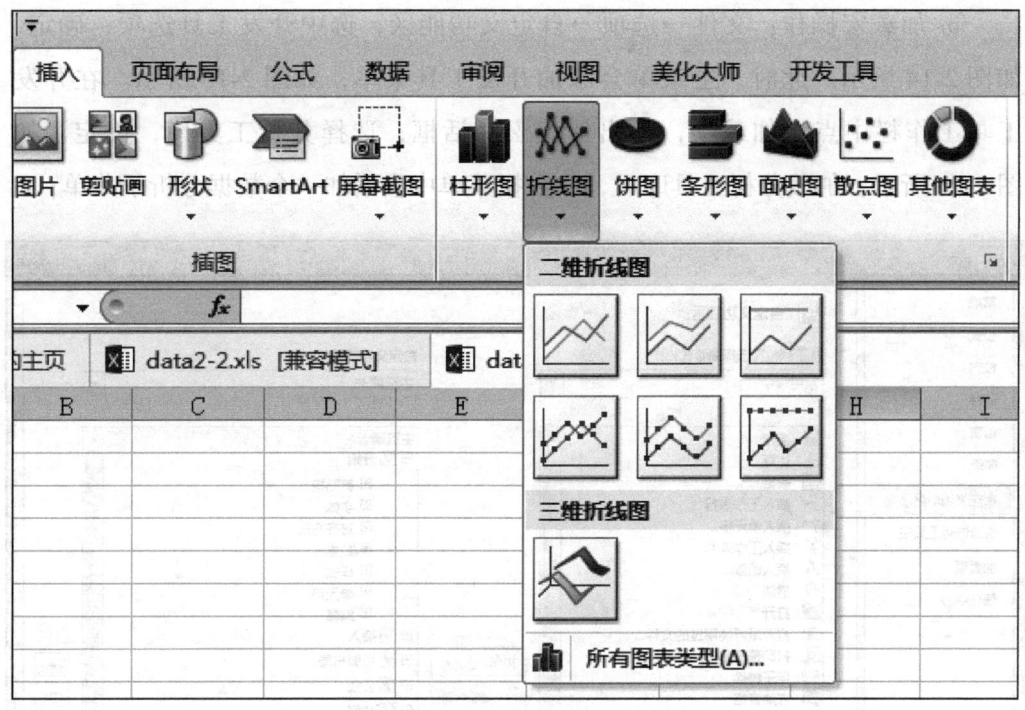

图 2-12 绘制折线图

② 在绘制折线图对话框中图表数据区域中刷入 data2-1 中的数据，确定后即得折线图，如图 2-13 所示；

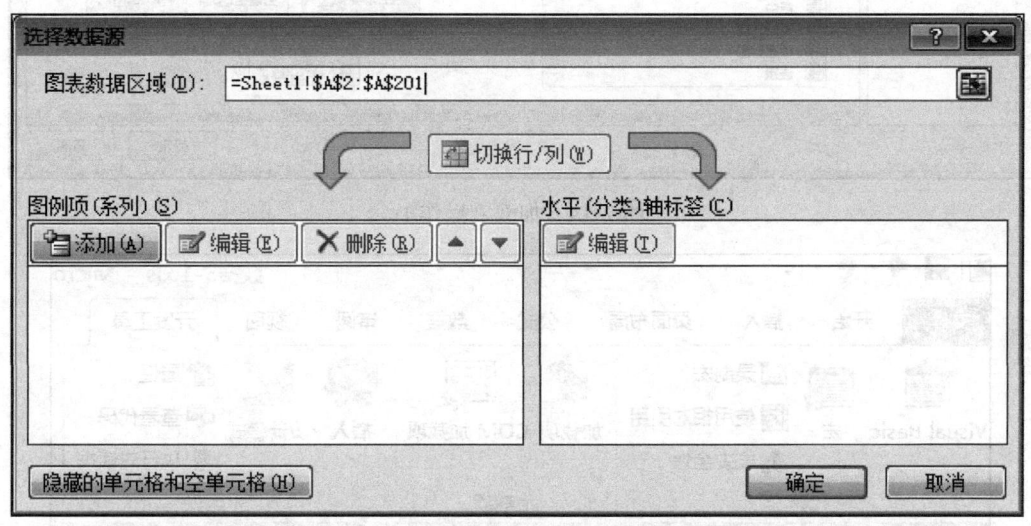

图 2-13 折线图对话框

③ 加载宏操作：文件→选项→自定义功能区，选中开发工具选项，确定，如图 2-14 所示。此时，主菜单会添加开发工具菜单，如图 2-15 所示。在开发工具工作栏中点击加载项，弹出加载宏对话框，选择分析工具库，确定，如图 2-16 所示。加载分析工具库后，在数据菜单中会增加一个数据分析子菜单；

图 2-14　加载宏操作 1

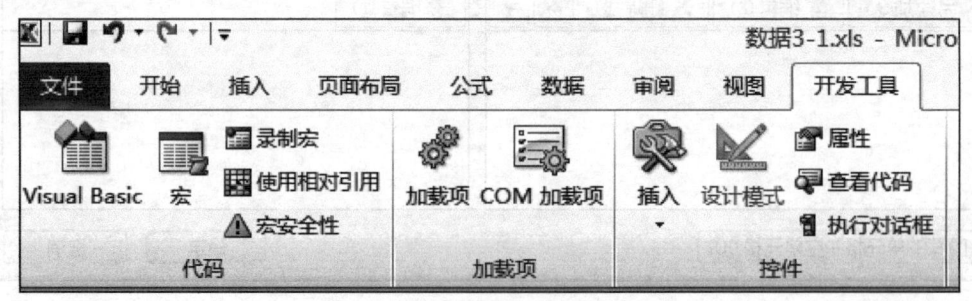

图 2-15　加载宏操作 2

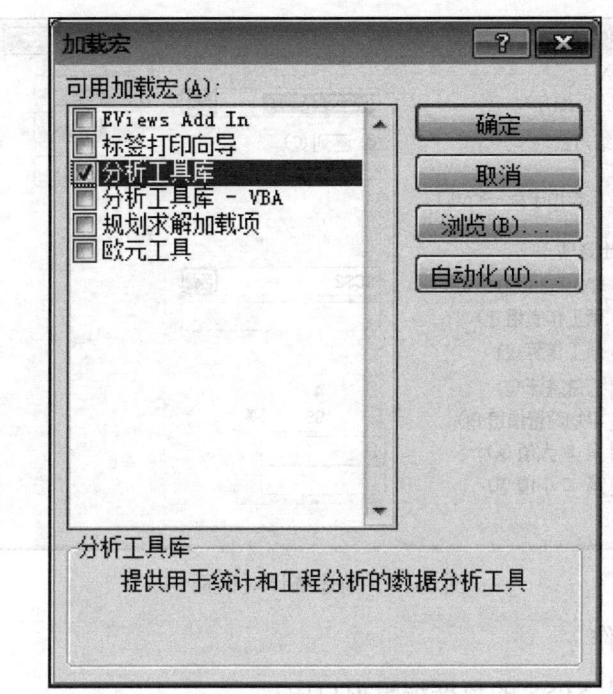

图 2-16 加载宏操作 3

④ 选择数据→数据分析→确定,弹出数据分析对话框,如图 2-17 所示。在数据分析对话框中选择描述统计,确定,弹出描述统计对话框,如图 2-18 所示;

⑤ 在描述统计对话框中的输入区域中刷入 data2-1 中的数据,同时选择汇总统计、平均数置信度,确定,即得描述统计的结果。

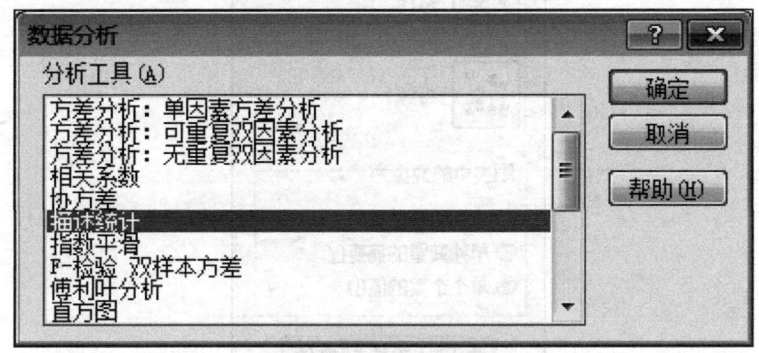

图 2-17 数据分析对话框

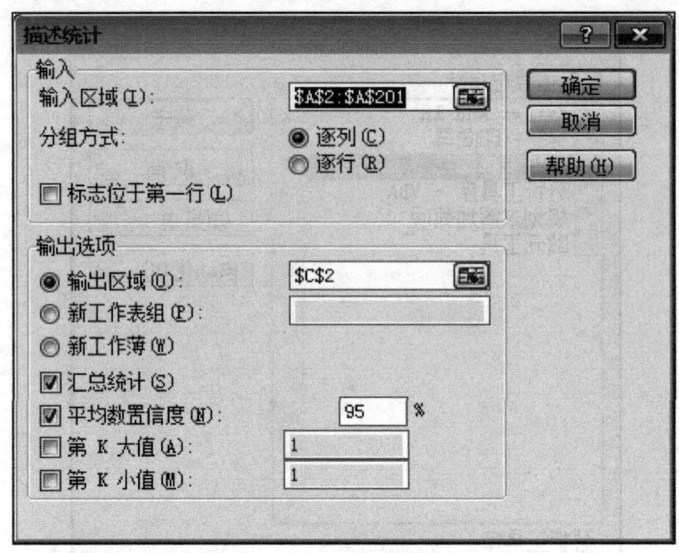

图 2-18 描述统计对话框

（2）SPSS 操作

① 将数据导入 SPSS 的数据编辑窗口中；

② 菜单栏执行：【图形→旧对话框→折线图】，得到如图 2-19 所示的对话框，选择"单个个案的值"；

图 2-19 【折线图】对话框

③ 点击"定义"按钮，将变量 km 添加到折线表示（L）中，如图 2-20 所示；

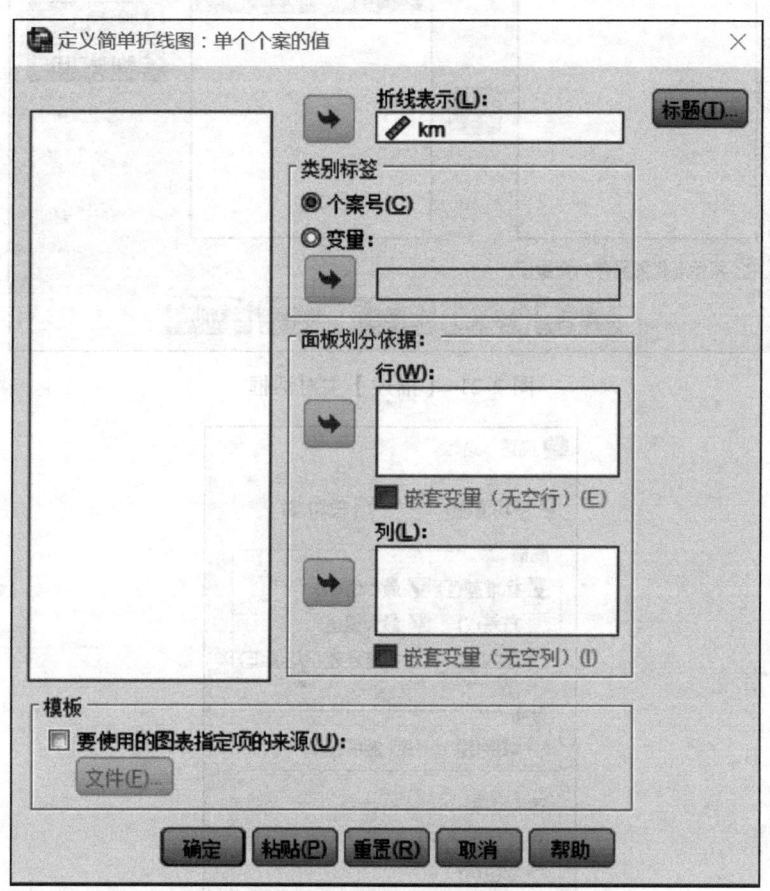

图 2-20 【定义简单线图：单个个案的值】对话框

④ 最后点击"确定"，即可在输出结果中看到折线图；

⑤ 在菜单栏执行：【分析→描述统计→描述】，并选择需计算的变量 km 到右边空白框中，如图 2-21 所示；

⑥ 单击"选项"按钮，勾选需要计算的描述统计量，如"平均值""标准差""偏度""峰度"等。如图 2-22 所示；

⑦ 点击"继续""确定"，系统将输出结果。

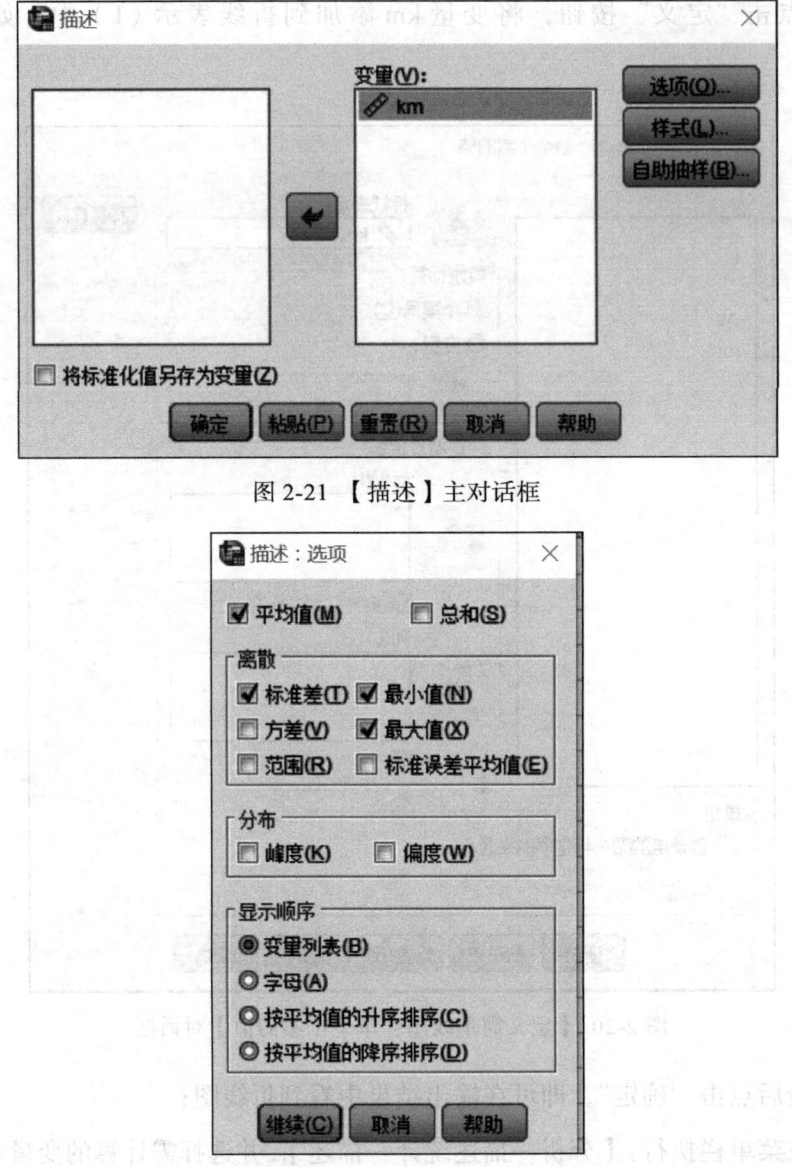

图 2-21 【描述】主对话框

图 2-22 【描述：选项】子对话框

实验 3-2

（1）Excel 操作

① 以求分位数为例，其他特征值求法基本相同。选中一个单元格，插入函数→在选择类别中选择统计→选择 QUARTILE.INC 函数→确定，弹出 QUARTILE.

INC 函数对话框，如图 2-23 所示；

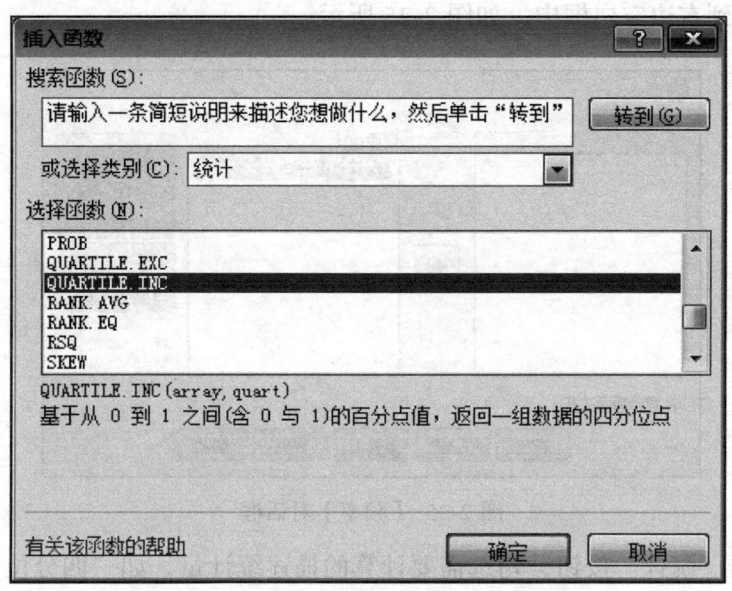

图 2-23　选择 QUARTILE.INC 函数

② 在 QUARTILE.INC 函数对话框的 Array 中刷入 data2-2 的数据，在 Quart 中输入需要计算的分位数的位置值（0 表示最小值，1 表示下四分位数，2 表示中位数，3 表示上四分位数，4 表示最大值），如图 2-24 所示；

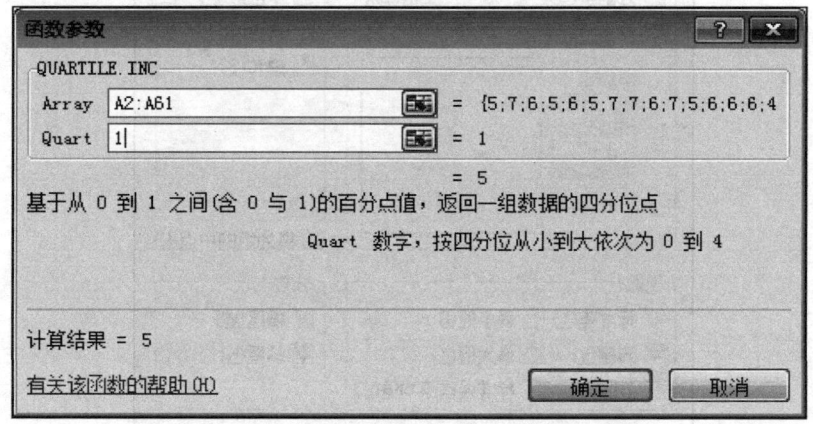

图 2-24　QUARTILE.INC 函数对话框

（2）SPSS 操作

① 将数据导入 SPSS 的数据编辑窗口中；

② 在菜单栏执行：【分析→描述统计→频率】，并选择需计算的变量"评价得分"添加到右边空白框中，如图 2-25 所示；

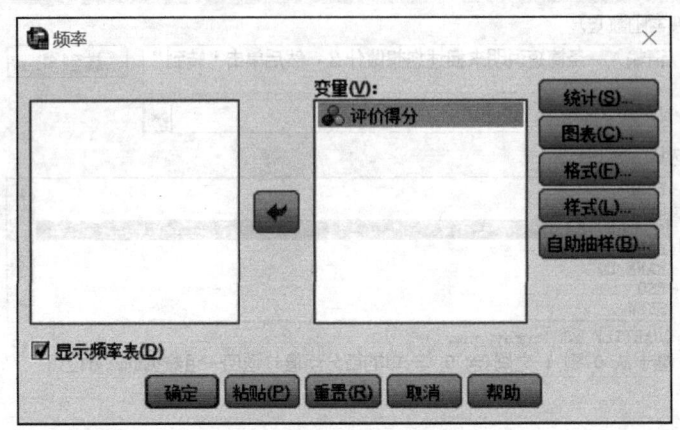

图 2-25 【频率】对话框

③ 单击"统计"按钮，勾选需要计算的描述统计量，如"四分位数""峰度""偏度"等，点击"继续""确定"，如图 2-26 所示。

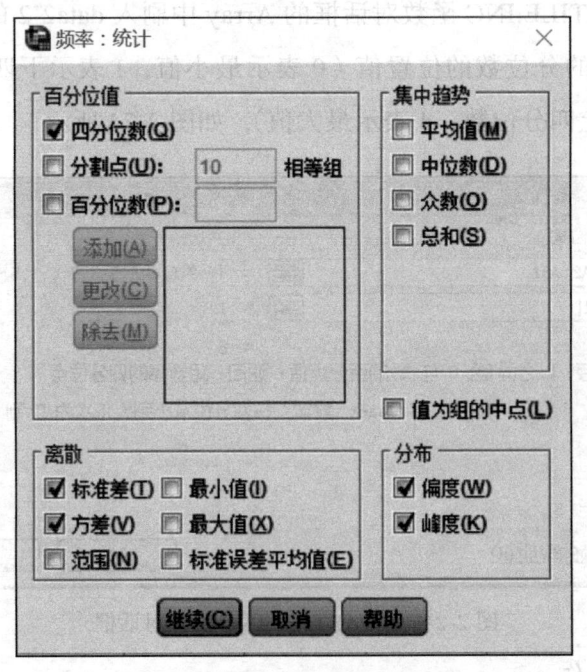

图 2-26 【频率：统计量】对话框

2.3.4 实验报告

（1）操作过程和步骤；

（2）实验 3-1、实验 3-2 的图表；

（3）实验 3-1、实验 3-2 的计算结果；

（4）回答实验 3-1、实验 3-2 中的问题。

2.4 实验 4——统计图

2.4.1 实验目的

掌握运用 Excel 和 SPSS 绘制统计图的方法。

2.4.2 实验项目

○实验 4-1

某大型服装厂童装车间有 200 名工人，某日统计的工人生产同一款童装件数的数据见 data4-1。①编制组距为 20 的日产量的分配数列；②根据分配数列绘制次数分布直方图和频率分布直方图，并说明直方图的分布特征；③如果将组距调整为 10，这些直方图会发生怎样的变化？与组距为 20 的直方图相比是否表现出不同的分布特征？

○实验 4-2

某高校为了了解某专业学生的生源地情况，随机抽取 100 名该专业的学生进行调查，调查数据见 data4-2。①编制生源地数据的分配数列；②根据分配数列绘制条形图和饼图，并描述条形图和饼图的特征；③说明定类数据的整理和显示方法。

○ 实验 4-3

由于经济发展不平衡，不同地区的经济发展状况有很大的差异。data4-3 是相关部门公布的 2013 年华北地区主要税种税收收入的数据，根据 data4-3 中的数据绘制簇状条形图、堆积条形图、百分比堆积条形图，描述不同地区税收状况以及结构。

○ 实验 4-4

不同城市因为其所处的地理位置不同会表现出不同的气象特征，data4-4 是相关部门分布的 10 个城市 2015 年各月份的平均相对湿度的数据。①绘制 10 个城市平均相对湿度的箱线图，并说明不同城市的相对湿度的特征；②最大值与最小值之间的差距表示什么意义？③上四分位（Q3）和下四分位（Q1）之间的差距表示什么意义？④中位数表示什么意义？

○ 实验 4-5

data4-5 是国家统计局发布的 2014 年部分省市 GDP 和税收收入的数据。①在同一张图中绘制这些省市的 GDP 和税收收入的折线图，并描述折线图的特征；②以 GDP 为横坐标，税收收入为纵坐标绘制散点图，并描述散点图的分布特征；③判断 GDP 和税收收入是否存在相关性，是线性相关还是非线性相关？

○ 实验 4-6

通山县和鹤峰县是湖北省 2013 年脱贫奔小康试点县之一，两县社会经济发展各有千秋，其贫困发生率、森林覆盖率、城镇化率、电话入户率、医保参合率等统计数据见 data4-6。根据数据绘制雷达图，描述雷达图的特征，并分析两县社会经济发展的特点。

2.4.3 实验步骤

实验 4-1

（1）Excel 操作

① 打开 data4-1，求出数据的最大值和最小值（方法同实验 2-1）；

② 根据最大值和最小值编制组距为 20 的分配数列，并计算各组的频率；

③ 绘制直方图的方法同实验 2-1；

④ 组距为 10 的方法同上。

（2）SPSS 操作

① 将 data4-1 数据导入 SPSS 中；

② 菜单栏选择【分析→报告→个案摘要】，并将"童装件数"添加至右边"变量"的选项框中，如图 2-27 所示；

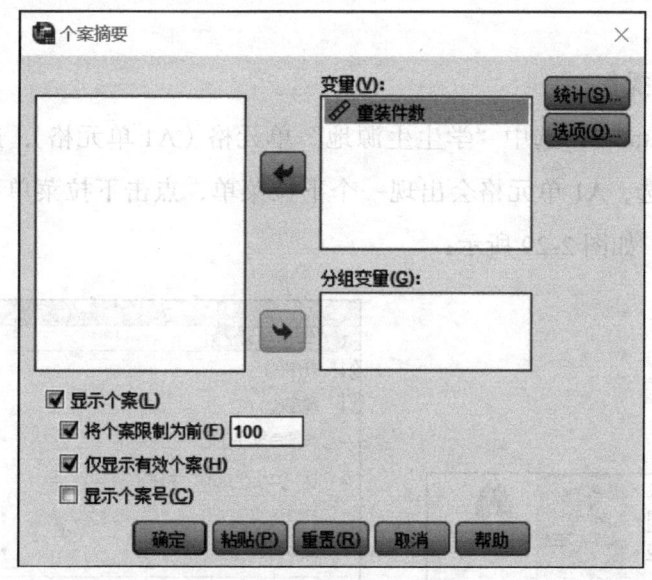

图 2-27 【个案摘要】对话框

③ 点击"统计"按钮，将"最大值"和"最小值"添加至右边的"单元格统计"中，如图 2-28 所示；

④ 点击"继续"、"确定"，可在输出结果中看到最大值和最小值的变量值；

⑤ 绘制直方图的方法同实验 2-1。

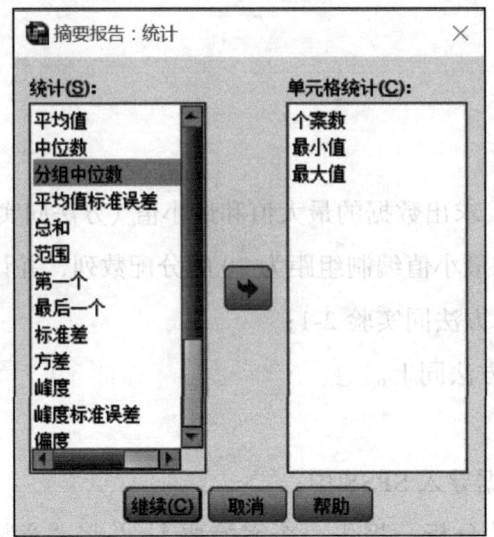

图 2-28 【摘要报告：统计】对话框

实验 4-2

（1）Excel 操作

① 打开 data4-2，选中"学生生源地"单元格（A1 单元格），选择开始→排序和筛选→筛选，A1 单元格会出现一个下拉菜单，点击下拉菜单可以得到所有的生源地信息，如图 2-29 所示；

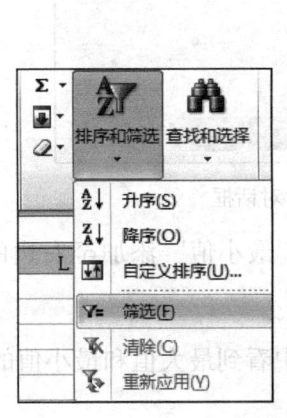 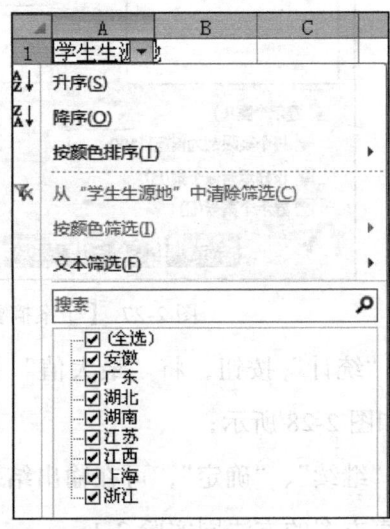

图 2-29 排序与筛选对话框

② 根据生源地信息，编制生源地分配数列（方法同实验 2-3）；

③ 选择插入→条形图→确定，弹出图表区，在主菜单中点击"选择数据"菜单，弹出选择数据源对话框；

④ 在选择数据源对话框中的图表数据区域中刷入各组次数，在水平（分类）轴标签中点击编辑，然后刷入生源地名称，确定后即得条形图，如图 2-30 所示。

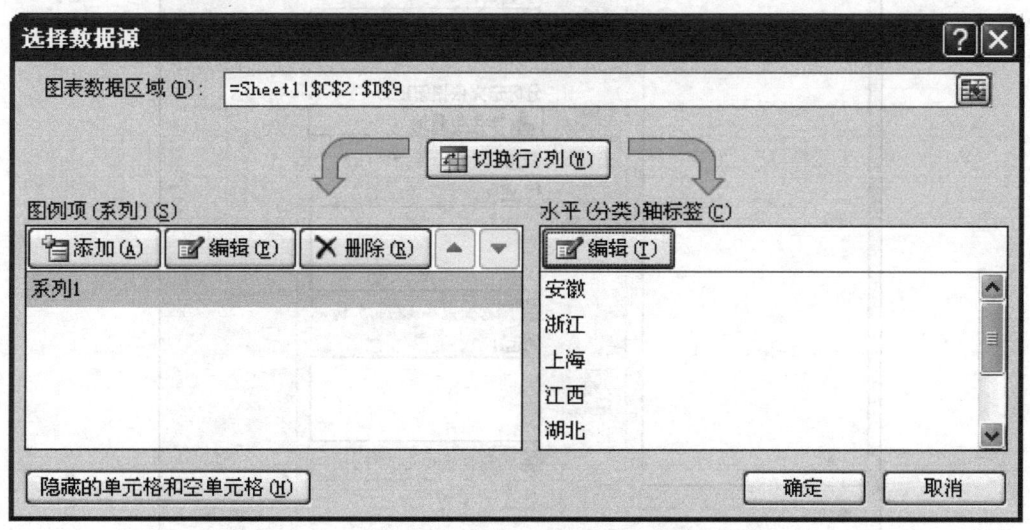

图 2-30　绘制条形图

⑤ 绘制饼图的方法与条形图的方法相同，只是在选择图形类型时选择饼图即可。

（2）SPSS 操作

① 将 data4-2 导入 SPSS 中；

② 在菜单栏选择【图形→旧对话框→饼图】，得到如图 2-31 所示对话框；

③ 默认选择"个案组摘要"，点击"定义"按钮，出现如图 2-32 所示对话框，并将"学生生源地"添加到"分区定义依据"中；

④ 点击"确定"按钮，便可以在输出结果中得到饼图；

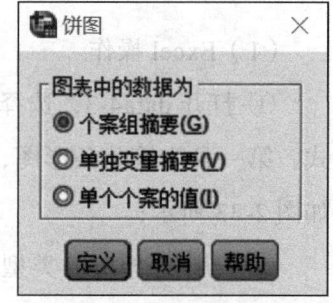

图 2-31　【饼图】对话框

⑤ 绘制条形图的方法与饼图的方法相同，只是在选择图形类型时选中条形图即可。

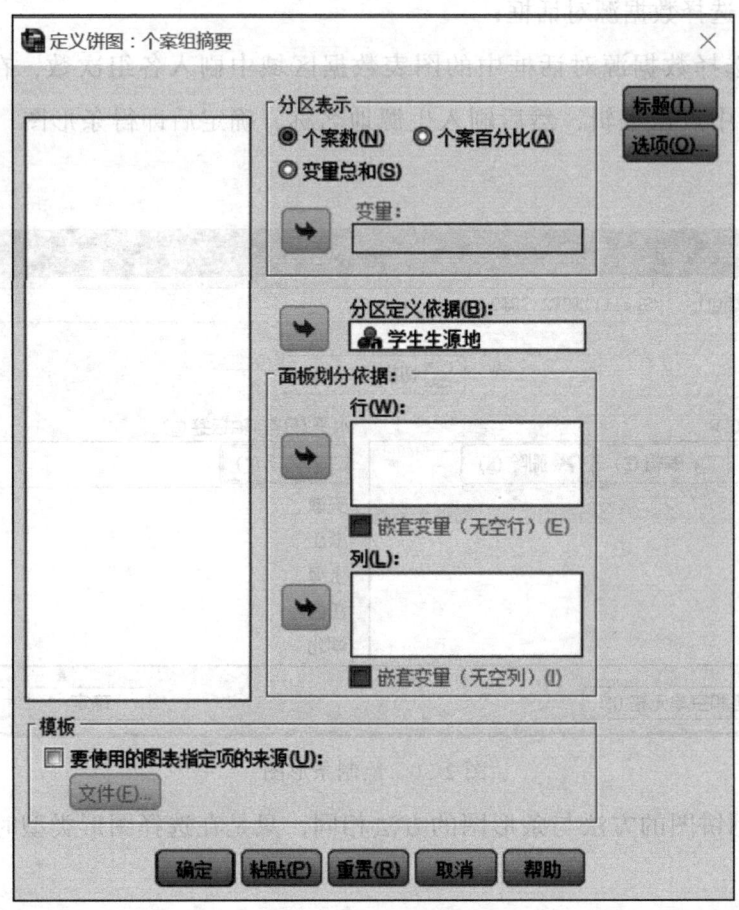

图 2-32　定义饼图

实验 4-3

（1）Excel 操作

① 打开 data4-3，选择插入→条形图，条形图中的二维条形图有三种表现形式：第一种为簇状条形图，第二种为堆积条形图，第三种为百分比堆积条形图，如图 2-33 所示；

② 选择好相应的类型，确定。后面的操作方法与实验 4-2 相同，即可得到相应的结果。

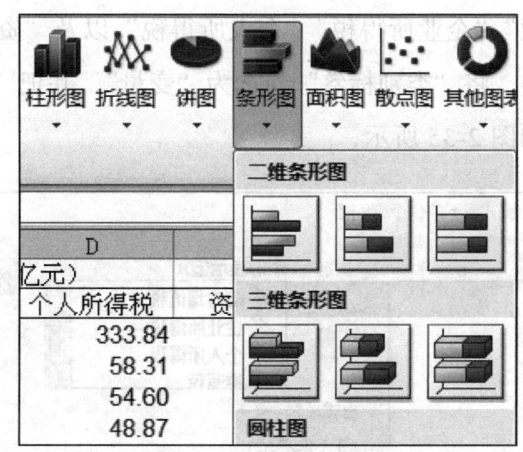

图 2-33 条形图的类型

（2）SPSS 操作

① 将 data4-3 整理后导入 SPSS 中，由于数据中"地区"属于字符串型变量，"税收"属于数值型变量，因此在变量视图中，需要区别相关变量的属性；

② 在菜单栏中选择【图形→旧对话框→条形图】，如图 2-34 所示；

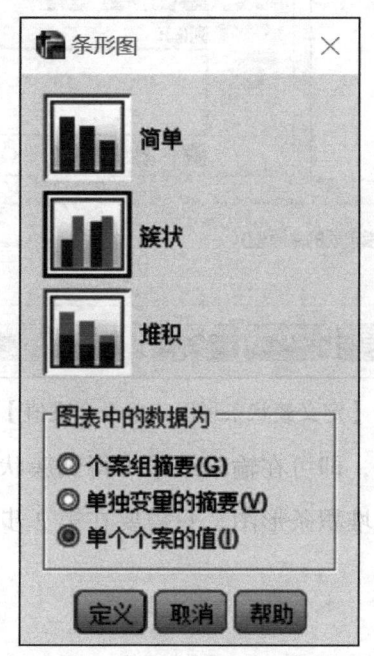

图 2-34 【条形图】对话框

③ 选择"簇状"，图表中的数据选择"单个个案的值"，单击"定义"按钮，

将变量"国内增值税""企业所得税""个人所得税"以及"资源税"添加到"条形表示"的空白框中,将"类别标签"勾选为"变量",并把"地区"添加到"变量"的空白框中,如图 2-35 所示;

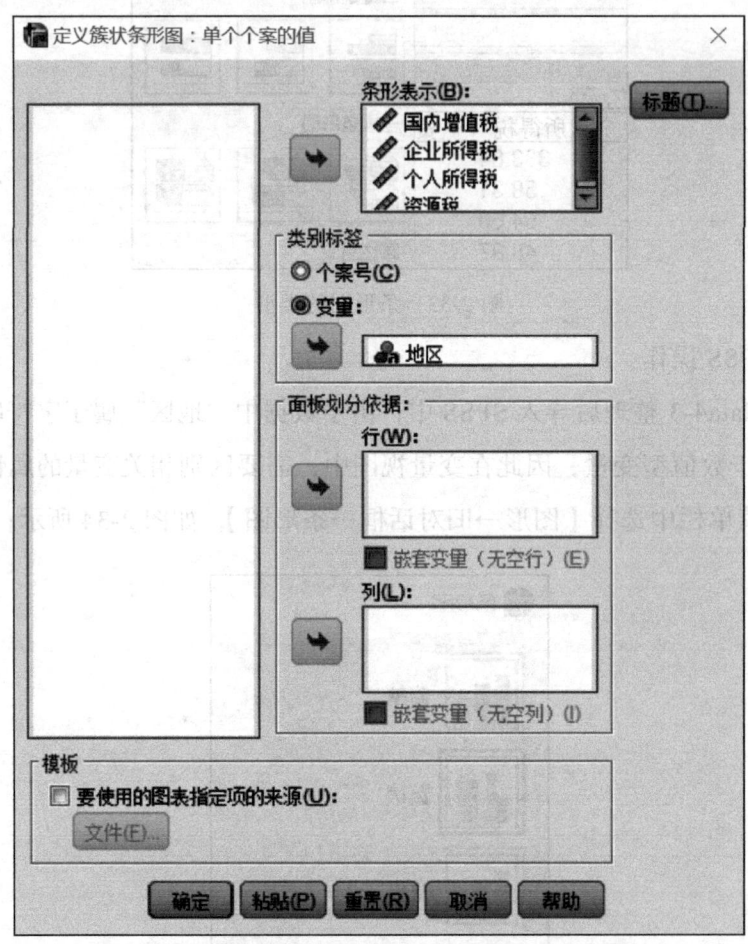

图 2-35 【定义簇状条形图:单个个案值】对话框

③ 点击【确定】按钮,即可在输出结果中得到簇状条形图;

④ 同样地,要想得到堆积条形图,只需要在第 2 步选择"堆积"即可。

实验 4-4

(1) Excel 操作

① 打开 data4-4。Excel 中的箱线图称为股价图,由四个特征值绘制而成,

依次是上四分位（Q3）、最大值、最小值、下四分位（Q1）。在第一个城市下方的四个单元格中按列分别计算上述四个特征值（方法同实验3-2，注意顺序）；

② 用控制柄计算其他各城市的四个特征值；

③ 选中所有的特征值，选择插入→其他图表→股价图（第二个类型）→确定，如图2-36所示，即可得到箱线图；

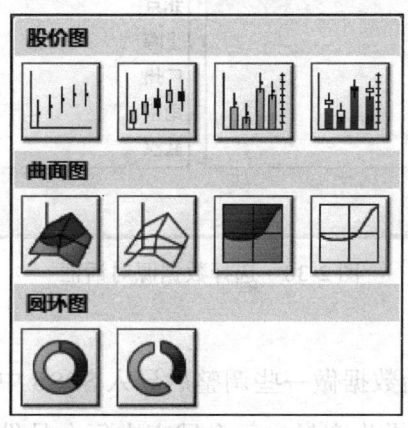

图2-36 选择股价图类型

④ 选择箱线图中的箱，点击右键→选择数据，如图2-37所示。弹出选择数据源对话框，如图2-38所示。在选择数据源对话框的水平（分类）轴标签中选择编辑，在编辑对话框中刷入各城市名称，确定即得到完整的箱线图。

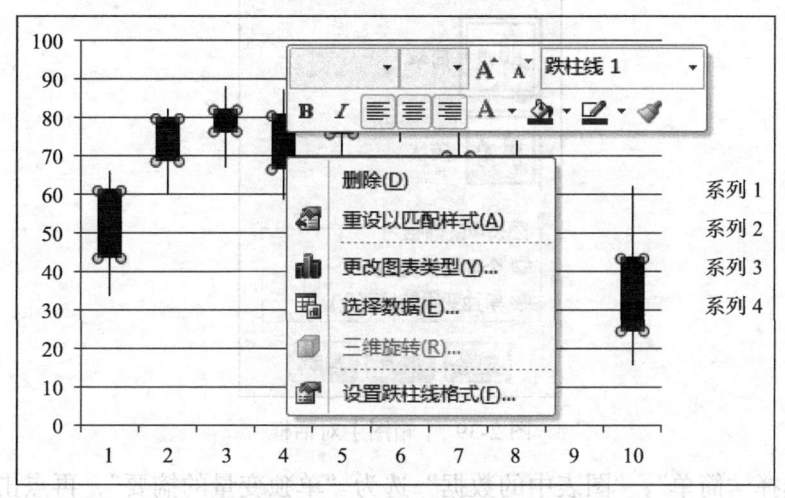

图2-37 选择数据

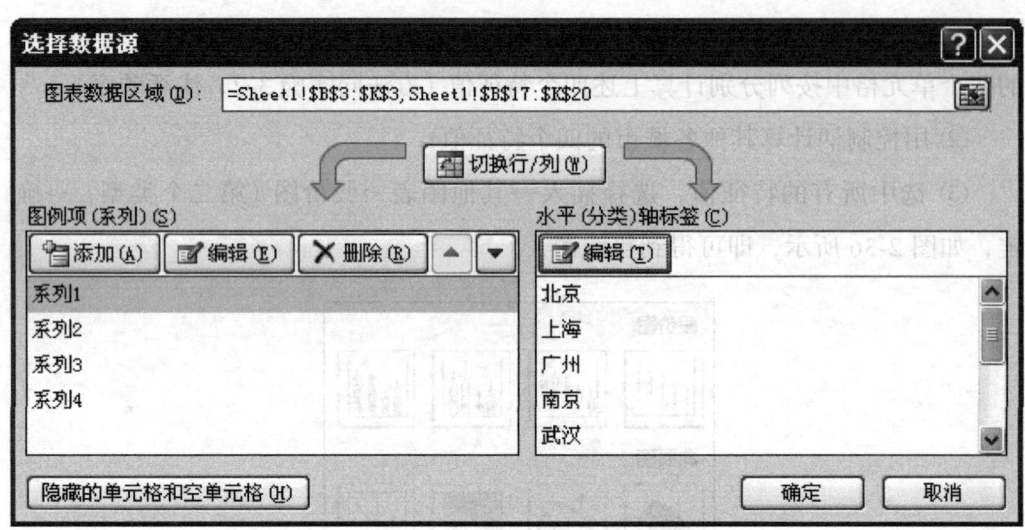

图 2-38 选择数据源对话框

（2）SPSS 操作

① 将 data4-4 的原始数据做一些调整后导入 SPSS 中，这里要注意，变量视图中，是将这 10 个城市设为变量，每个城市中每个月份的平均相对湿度设为变量值；

② 点击【图形→旧对话框→箱图】，如图 2-39 所示；

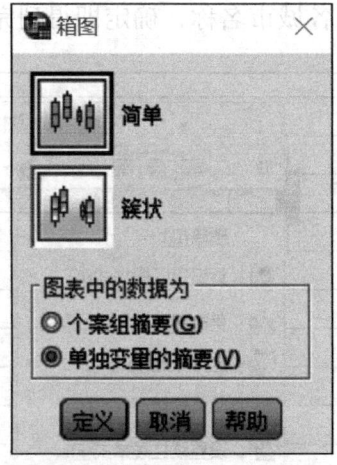

图 2-39 【箱图】对话框

③ 选择"简单"，"图表中的数据"选为"单独变量的摘要"，再点击"定义"按钮，将 10 个城市作为变量添加到右上方的空白对话框中，如图 2-40 所示；

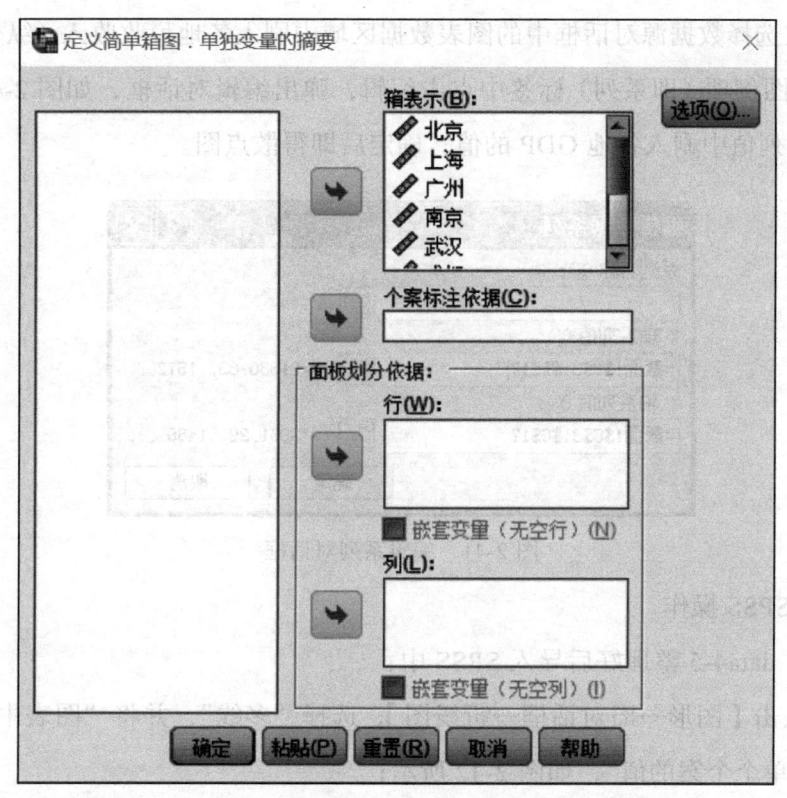

图 2-40 【定义简单箱图：单独变量的摘要】对话框

④ 点击"确定"按钮，即可在输出结果中查看 10 个城市平均相对湿度的箱线图。

实验 4-5

（1）Excel 操作

① 打开 data4-5，选择插入→折线图（第一种类型）→确定，弹出图表区。在主菜单中点击"选择数据"菜单，弹出选择数据源对话框；

② 在选择数据源对话框中的图表数据区域中刷入各地 GDP 和税收收入的数据，在水平（分类）轴标签中点击编辑，然后刷入各地名称，确定后即得折线图；

③ 选择插入→散点图（第一种类型）→确定，弹出图表区，在主菜单中点击"选择数据"菜单，弹出选择数据源对话框；

④ 在选择数据源对话框中的图表数据区域中刷入各地税收收入（纵坐标）的数据，在图例项（即系列）标签中点击编辑，弹出编辑对话框，如图 2-41 所示。在 X 轴系列值中刷入各地 GDP 的值，确定后即得散点图。

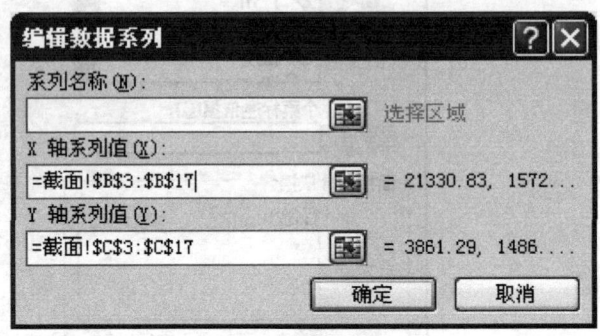

图 2-41 编辑系列对话框

（2）SPSS 操作

① 将 data4-5 整理好后导入 SPSS 中；

② 点击【图形→旧对话框→折线图】，选择"多线"，并将"图表中的数据"勾选为"单个个案的值"，如图 2-42 所示；

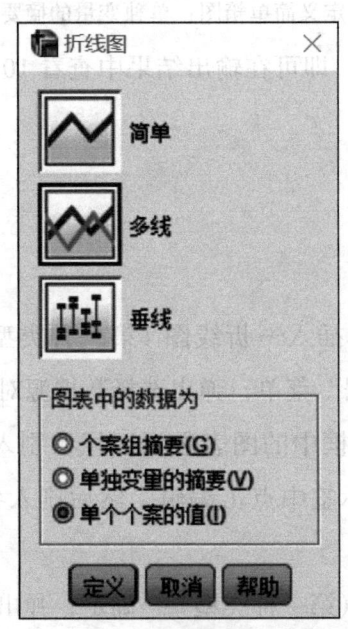

图 2-42 【折线图】对话框

③ 点击【定义】按钮，将"GDP"和"税收收入"添加至"折线表示"的空白框，将"城市"作为变量添加到"类别标签"的"变量"空白框中，如图 2-43 所示；

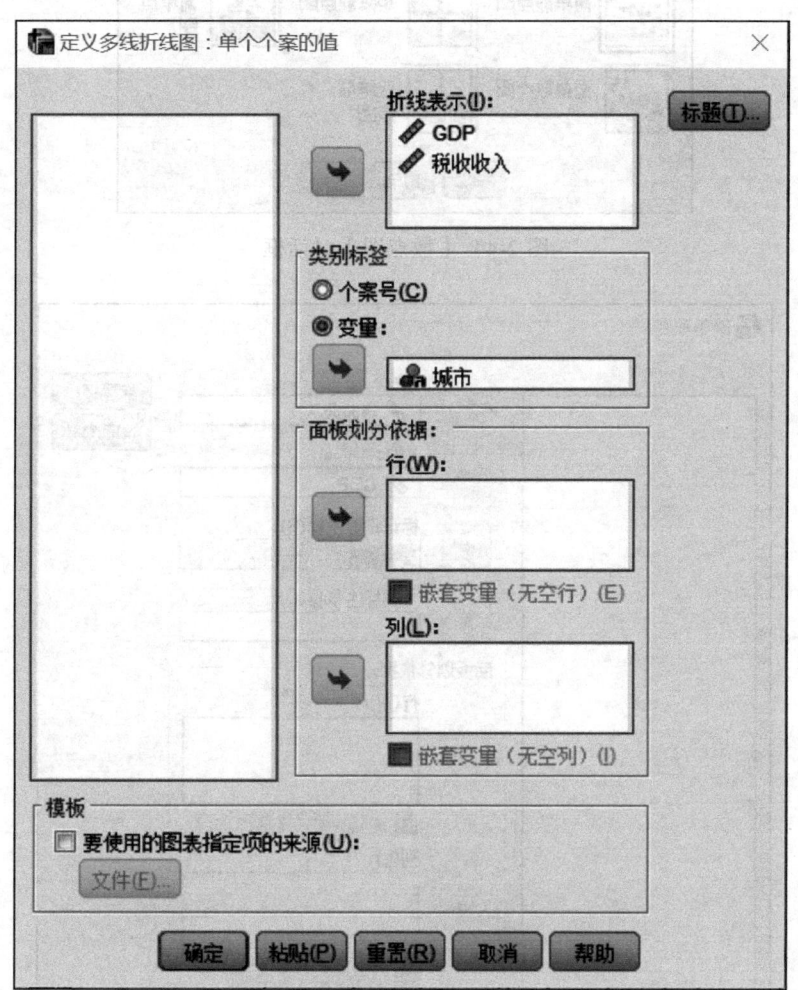

图 2-43 【定义多线折线图：单个个案的值】对话框

④ 点击"确定"按钮，便可在输出结果中查看这些省市的 GDP 和税收收入的折线图；

⑤ 菜单栏中点击【图形→旧对话框→散点图】，选择"简单散点图"，如图 2-44 所示；

⑥ 点击"定义"按钮，将"税收收入"添加至 Y 轴，"GDP"添加至 X 轴，

"城市"添加至标记设置依据中，如图 2-45 所示；

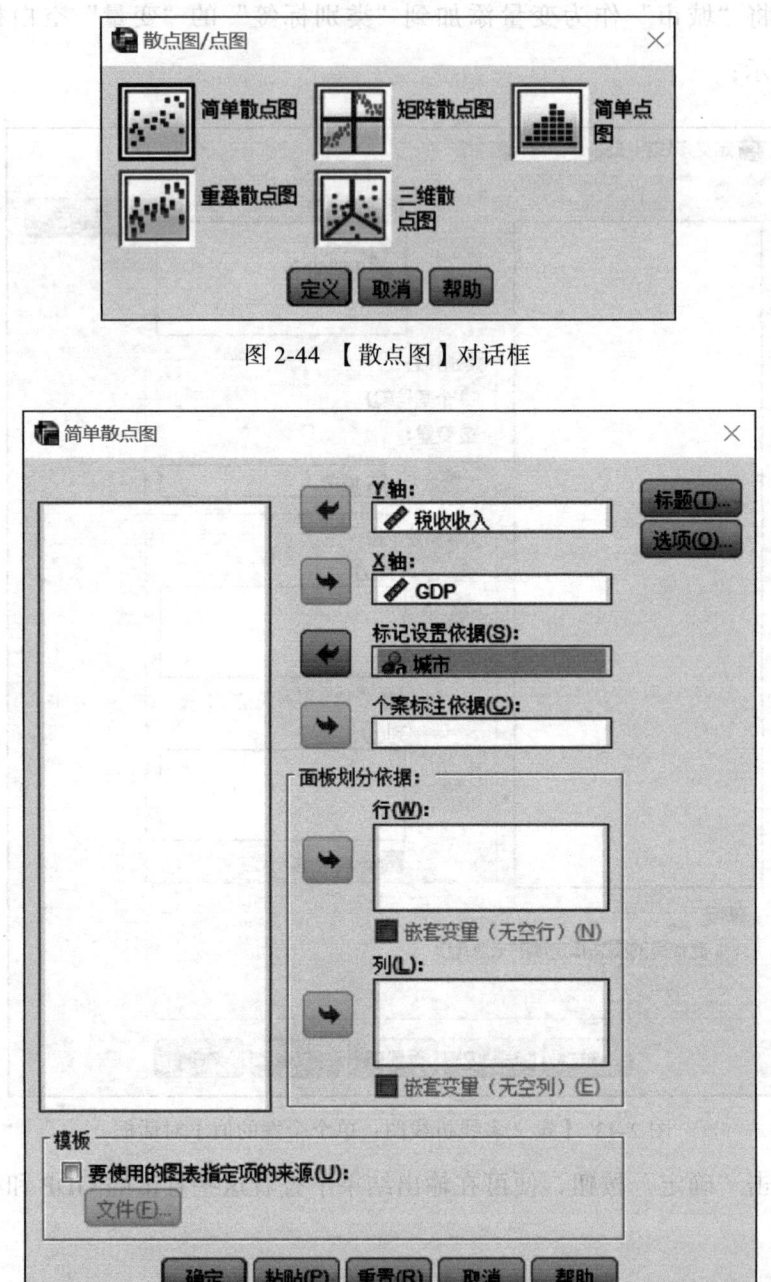

图 2-44 【散点图】对话框

图 2-45 【简单散点图】对话框

⑦ 点击"确定"，即可在输出结果中看到绘制出的散点图。

实验 4-6

Excel 操作

① 打开 data4-6，选择插入→其他图表折线图→雷达图（第一种类型）→确定，弹出图表区。在主菜单中点击"选择数据"菜单，弹出选择数据源对话框；

② 选择数据源对话框中的图表数据区域中刷入两地相关指标的数据，在水平（分类）轴标签中点击编辑，然后刷入指标名称，确定后即得雷达图。

2.4.4 实验报告

（1）操作过程和步骤；
（2）实验 4-1、实验 4-2 的分配数列，实验 4-4 的特征值；
（3）各实验的图表；
（4）分析、回答各实验中的问题。

2.5 实验 5——时间序列

2.5.1 实验目的

掌握运用 Excel 和 SPSS 进行时间序列分析的方法。

2.5.2 实验项目

○实验 5-1

出口是拉动经济增长的重要因素。data5-1 是国家统计局公布的我国 2000 年以来月度出口额的数据。①绘制我国出口额的折线图，并描述折线图的特点；②计算定基和环比发展速度及增长速度；③对出口额做 6 项和 12 项移动平均，测定其长期趋势；④选择合适的平滑系数，运用指数平滑法测定其长期趋势；⑤将不同方法测定的长期趋势数据添加到折线图中进行比较，并描述比较后的结果；⑥运用数学模型法测定其长期趋势。

○ 实验 5-2

很多经济现象会表现出随季节变动而波动的特性，data5-2 是我国香港地区近年来的 GDP 数据。①绘制香港地区 GDP 的折线图，并描述折线图的特点；②对香港地区 GDP 做 4 项移动平均，测定其长期趋势；③如果不考虑长期趋势，对香港地区 GDP 做季节变动分析；④如果考虑长期趋势，对香港地区 GDP 做季节变动分析。

2.5.3 实验步骤

实验 5-1

（1）Excel 操作

① 作折线图的方法同实验 4-5；

② 选中 C3 单元格，输入 =，再选中 B3，输入 "/"，再选中 B2，回车，即得第 1 期发展速度，如图 2-46 所示。选中填充柄向下拖动，即得其他各期发展速度；

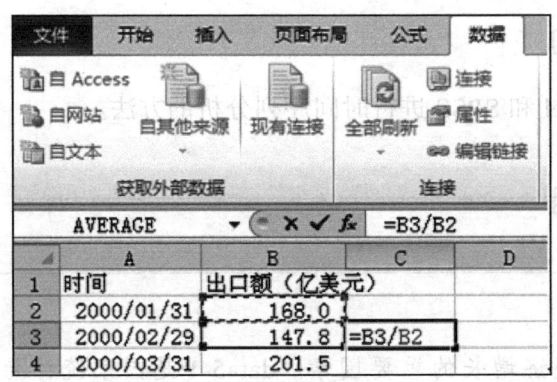

图 2-46　计算发展速度

③ 选中 D3 单元格，输入 =，再选中 C3，输入 "-1"，回车，即得第 1 期增长速度。选中填充柄向下拖动，即得其他各期增长速度；

④ 加载宏，分析工具库（同实验 3-1）。选择数据→数据分析→确定，弹出数据分析对话框，如图 2-47 所示；

图 2-47　分析数据对话框

⑤ 选择移动平均→确定，弹出移动平均对话框，如图 2-48 所示；在移动平均对话框中的输入区域中刷入出口额数据，间隔中输入 6 或 12（6 项或 12 项移动平均），在输出区域中选择 E2 单元格（与原序列第一项对齐），确定后即得 6 项或 12 项移动平均序列；

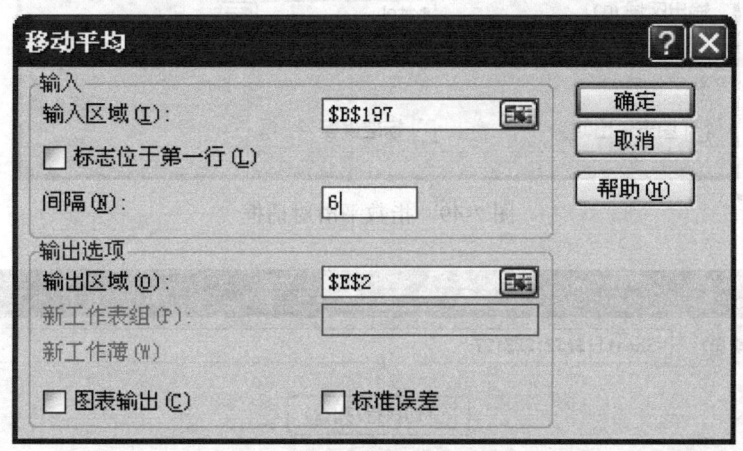

图 2-48　移动平均对话框

⑥ 选择数据→数据分析→确定，弹出数据分析对话框，在数据分析对话框中选择指数平滑→确定，弹出指数平滑对话框，如图 2-49 所示；

⑦ 在指数平滑对话框中的输入区域中刷入出口额数据，阻尼系数中输入 0.8（阻尼系数 =1- 平滑常数，可以尝试其他数值的阻尼系数），在输出区域中选择 G2 单元格，确定后即得指数平滑序列；

⑧ 在原序列的折线图中选中折线，点鼠标右键，点击选择数据，弹出选择

数据源对话框,如图 2-50 所示。在选择数据源对话框中点击添加,弹出编辑数据系列对话框,如图 2-51 所示。在编辑数据系列对话框中的系列值中刷入需要添加的序列,确定后即添加新序列的折线图。重复以上操作,可以添加多个序列的折线图;

⑨ 在折线图中选择原序列的折线,点击鼠标右键,选择添加趋势线,确定,弹出设置趋势线格式对话框,如图 2-52 所示。在设置趋势线格式对话框中选择线性,在显示公式处打勾,确定,即得趋势直线和公式。

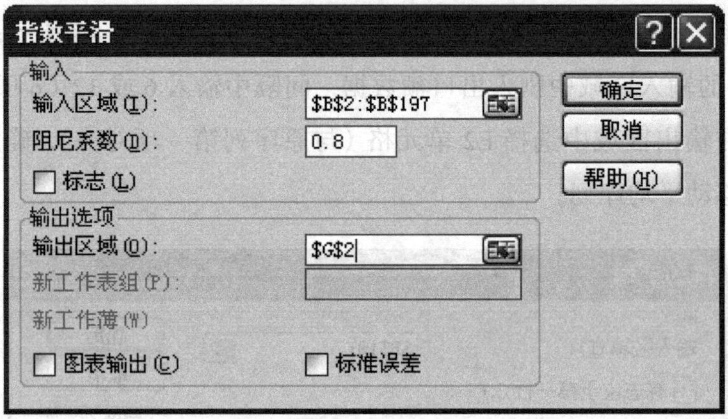

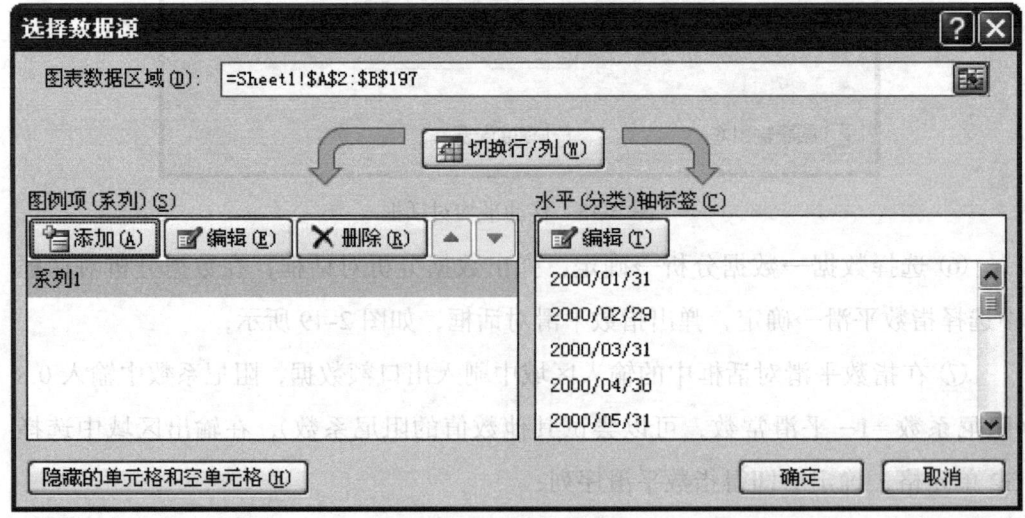

图 2-49　指数平滑对话框

图 2-50　选择数据源对话框

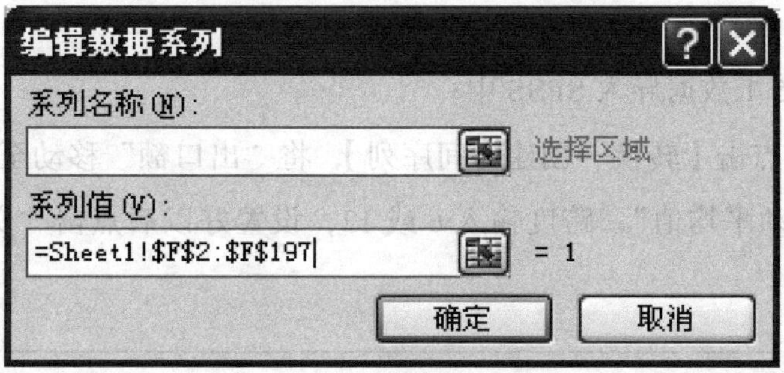

图 2-51　编辑数据系列对话框

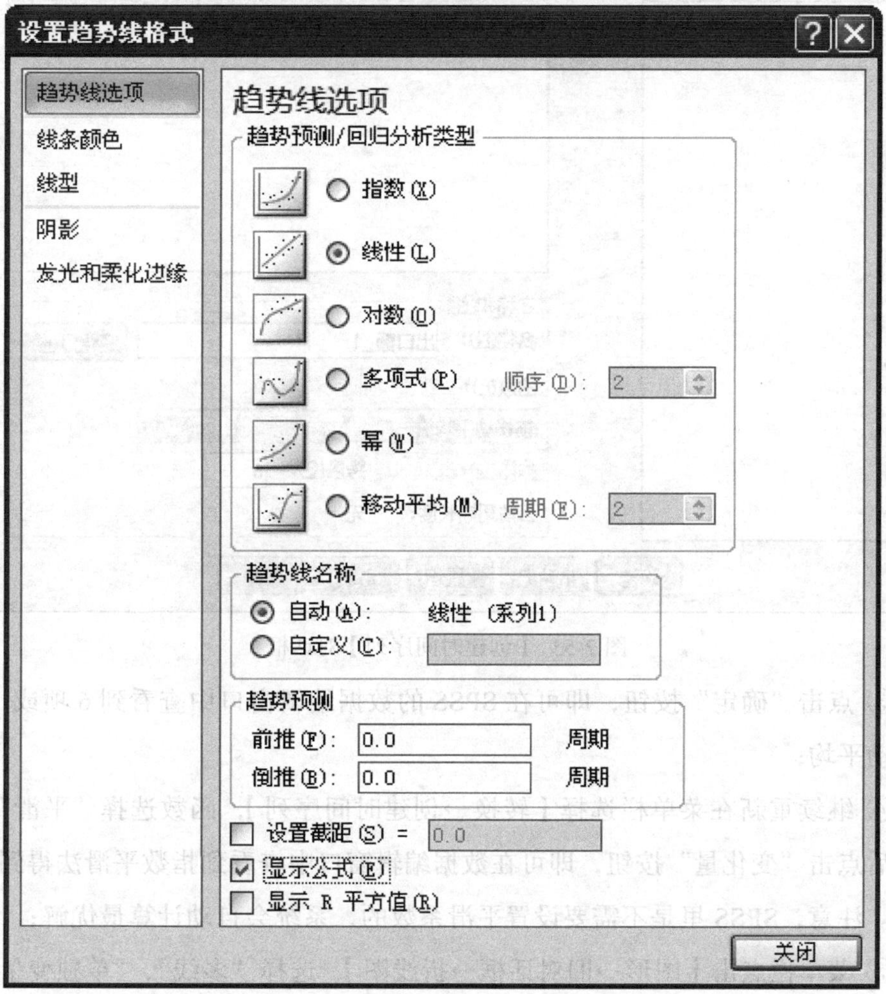

图 2-52　设置趋势线格式对话框

（2）SPSS 操作

① 将 data5-1 数据导入 SPSS 中；

② 菜单栏点击【转换→创建时间序列】，将"出口额"移动至右侧框内，函数选择"前移动平均值"，跨度输入 6 或 12，设置好以后点击"变化量"按钮，如图 2-53 所示；

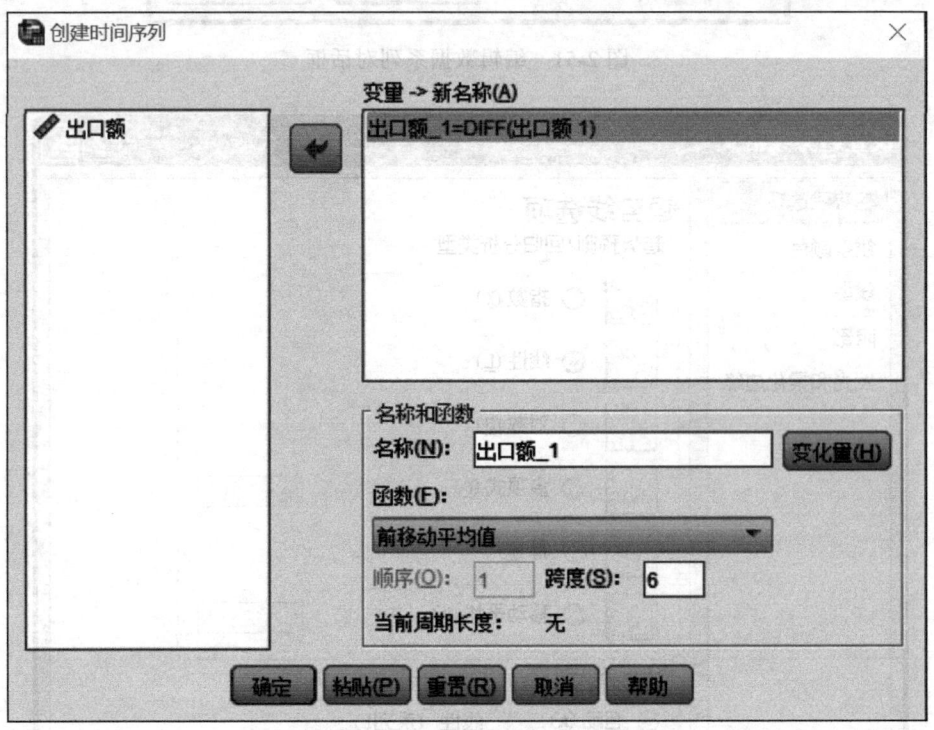

图 2-53 【创建时间序列】对话框

③ 点击"确定"按钮，即可在 SPSS 的数据编辑窗口中查看到 6 项或 12 项的移动平均；

④ 继续重新在菜单栏选择【转换→创建时间序列】，函数选择"平滑"，设置好后点击"变化量"按钮，即可在数据编辑窗口中查看到指数平滑法得到的新变量。注意，SPSS 里是不需要设置平滑系数的，系统会自动计算最优解；

⑤ 菜单栏点击【图形→旧对话框→折线图】，选择"多线"，"单独变量的摘要"，并按图 2-54 进行设置，然后点击"确定"，即可在输出结果中查看对应的折线图。

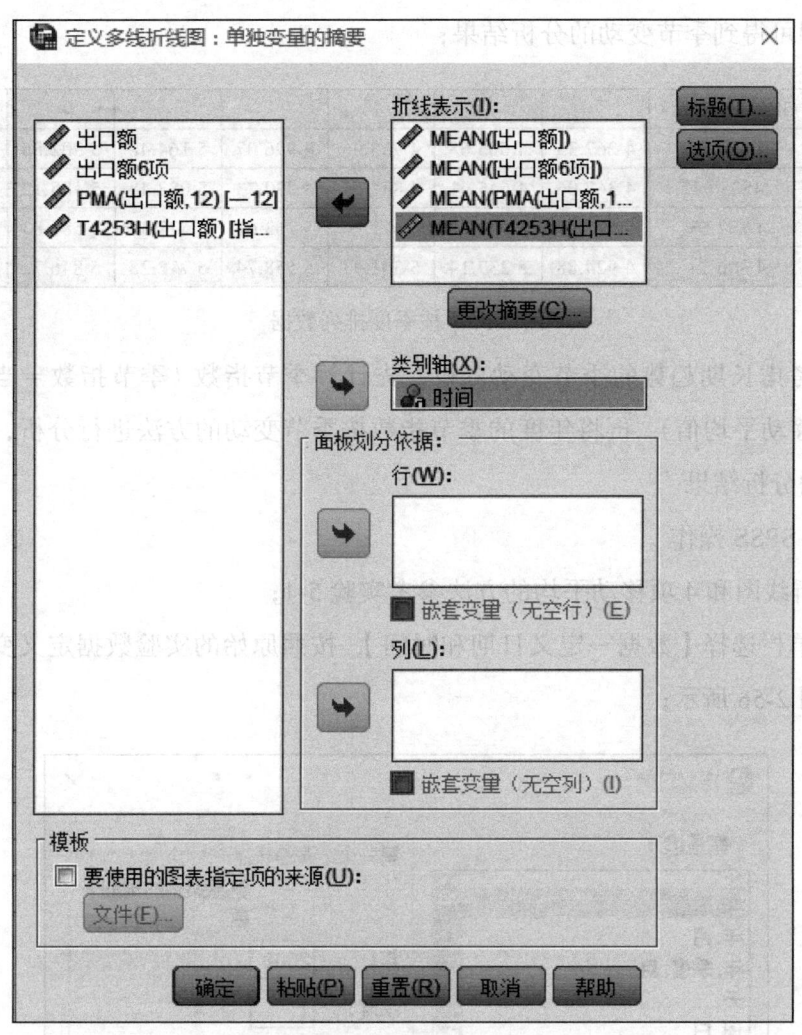

图 2-54 【定义多线折线图：单独变量的摘要】对话框

实验 5-2

（1）Excel 操作

① 作折线图的方法同实验 5-1；

② 做 4 项移动平均的方法同实验 5-1；

③ 不考虑长期趋势的季节变动分析：将数据按季度进行排列，如图 2-55 所示。先按列计算各年度的合计数和平均数，从而计算总平均数，再按行计算各季度的平均数，最后计算季节比率（季节比率 = 季度平均数 / 总平均数）。分析季

节比率即可得到季节变动的分析结果；

	GDP（亿港元）							
第一季度	4 626.57	4 267.33	4 605.68	4 955.96	4 996.07	5 164.48	5 302.86	5 432.44
第二季度	4505.64	4 367.06	4 645.61	4 882.55	4 930.73	5 082.48	5 185.12	5 504.83
第三季度	4 752.53	4 671.98	4 976.64	5 171.76	5 263.61	5 427.36	5 586.83	5 887.48
第四季度	4 806.14	4 924.88	5 237.14	5 391.98	5 558.74	5 712.28	5 846.72	6 138.84

图 2-55　按季度排列数据

④ 考虑长期趋势的季节变动分析：先计算季节指数（季节指数＝当季实际值/4 项移动平均值），再将年度的季节指数按季节变动的方法进行分析，即得季节变动的分析结果。

（2）SPSS 操作

① 折线图和 4 项移动平均的方法参考实验 5-1；

② 单栏选择【数据→定义日期和时间】，按照原始的实验数据定义变量的周期，如图 2-56 所示；

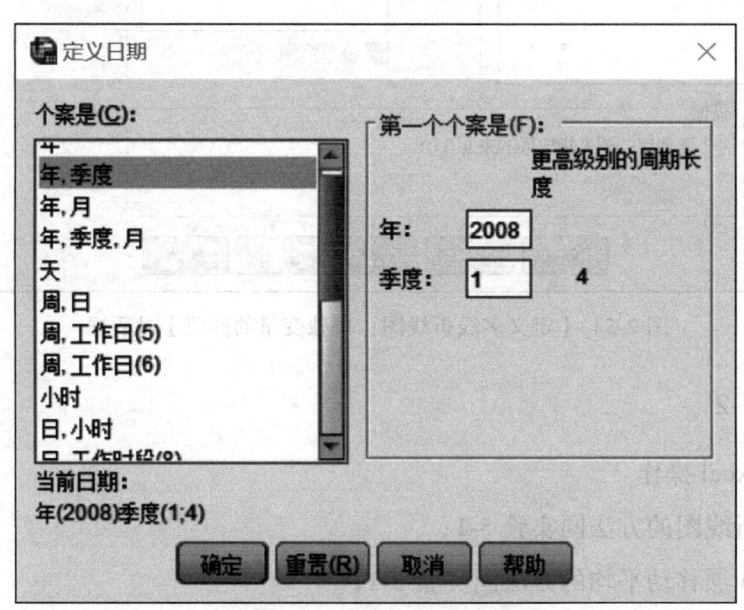

图 2-56　【定义日期】对话框

③ 定义完毕后，单击"确定"按钮，在数据集中生成日期变量；

④ 选择菜单【分析→时间序列预测→季节性分解】，把要分析的变量添加到

右边的空白框中,如图 2-57 所示;

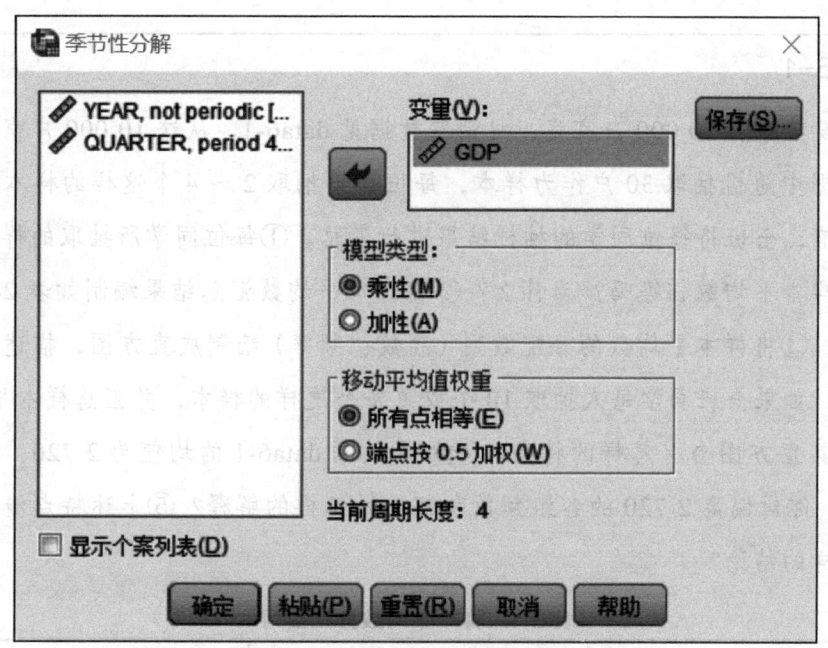

图 2-57 【季节性分解】对话框

⑤ 点击"确定"按钮,便可在输出结果中查看季节指数。

2.5.4 实验报告

(1)操作过程和步骤;

(2)实验 5-1、实验 5-2 的图表;

(3)实验 5-1、实验 5-2 的计算结果和分析结果;

(4)回答实验 5-1、实验 5-2 中的问题。

2.6 实验 6——抽样与抽样分布

2.6.1 实验目的

掌握运用 Excel 和 SPSS 进行随机抽样的方法,对样本特征值的分布进行描述,归纳出相应的定理。

2.6.2 实验项目

○ 实验6-1

假设某地有10 000户家庭,月消费数据见data6-1。从这10 000户家庭的月消费数据中随机抽取30户作为样本,每位同学抽取2～4个这样的样本并计算样本均值,全班将每位同学的抽样结果进行汇总。①每位同学所抽取的样本计算得到的样本平均数相等吗?为什么?②将样本平均数汇总结果编制如表2-5的分配数列;③将样本平均数的分配数列(频数、频率)绘制成直方图,描述直方图的特点。如果全班同学每人抽取10个或更多个这样的样本,并汇总样本平均数,你预计其直方图会有怎样的特点?④如果数据data6-1的均值为2 720,标准差为280,你对偏离2 720的各组频数和频率做怎样的解释?⑤上述特点能归纳成一个怎样的结论?

表2-5 样本平均数分配数列

$\bar{X}$	频数	频率(%)
2 500以下		
2 500～2 550		
2 550～2 600		
2 600～2 650		
2 650～2 700		
2 700～2 750		
2 750～2 800		
2 800～2 850		
2 850～2 900		
2 900～2 950		
2 950以上		
合计		

○ 实验6-2

某企业生产了10 000件产品,其中不合格品500件,数据见data6-2,其中0=合格品,1=不合格品。从中随机抽取100件作为样本,每位同学抽取2～4

个这样的样本,并统计样本的不合格率。①每位同学所抽取的样本计算得到的样本不合格率相等吗?为什么?②将样本不合格率汇总结果编制如表 2-6 的分配数列;③将样本不合格率的分配数列(频数、频率)绘制成直方图,描述直方图的特点。如果全班同学每人抽取 10 个或更多个这样的样本,并汇总样本不合格率,你预计其直方图会有怎样的特点?④如果数据 data6-2 的不合格率为 5%,你对样本中偏离 5% 的各组频数和频率做怎样的解释?⑤上述特点能归纳成一个怎样的结论?

表 2-6　样本中不合格产品分配数列

不合格率(%)	频数	频率(%)
1 及以下		
2		
3		
4		
5		
6		
7		
8		
9 及以上		
合计		

2.6.3　实验步骤

实验 6-1

(1) Excel 操作

① 启动电脑操作系统,打开 Excel 软件;

② 在 Excel 中输入数据 6-1 中的数据;

③ 加载宏→加载分析工具库;

④ 抽样:选择数据→数据分析→抽样→确定;如图 2-58 所示:

在"输入区域"刷入数据(A2:A10001),"样本数"中输入 30(样本容量),设定"输出区域",确定;

⑤ 重复上述操作抽取其他样本。

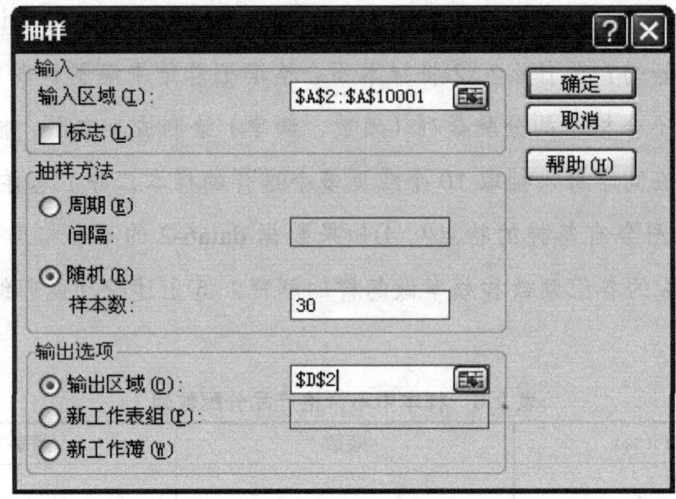

图 2-58 抽样的操作

（2）SPSS 操作

① 将 data6-1 导入 SPSS；

② 菜单栏选择【数据→选择个案】，出现如图 2-59 所示的对话框；

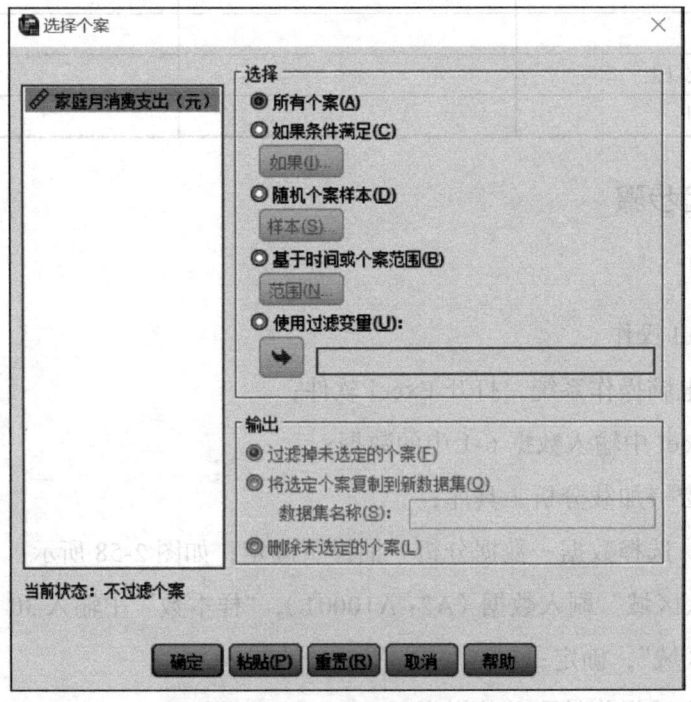

图 2-59 【选择个案】对话框

③ 点击选择图中的"随机个案样本",打开样本的定义框,点击第二个选项,前面空白处填上所要选择的样本个数 30,后面空白处填上样本总数 10 000,并点击"继续"按钮,如图 2-60 所示;

④ 在输出选项中,选择"将选定个案复制到新数据集",并重新命名,就可以得到随机抽样的样本数据。

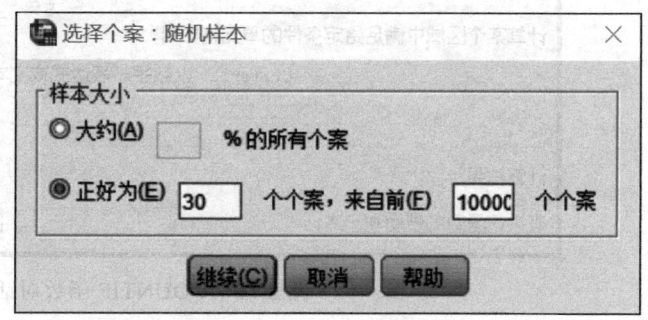

图 2-60 【选择个案:随机样本】对话框

实验 6-2

(1) Excel 操作

① 抽样方法同实验 6-1;

② 在抽取的样本下面一个单元里插入 COUNTIF 函数,如图 2-61 所示。确定后弹出一个对话框,如图 2-62 所示。在 Range 中刷入样本数据,Criteria 中输入 1(不合格品),确定后即可得到不合格品的个数,从而计算出不合格率。

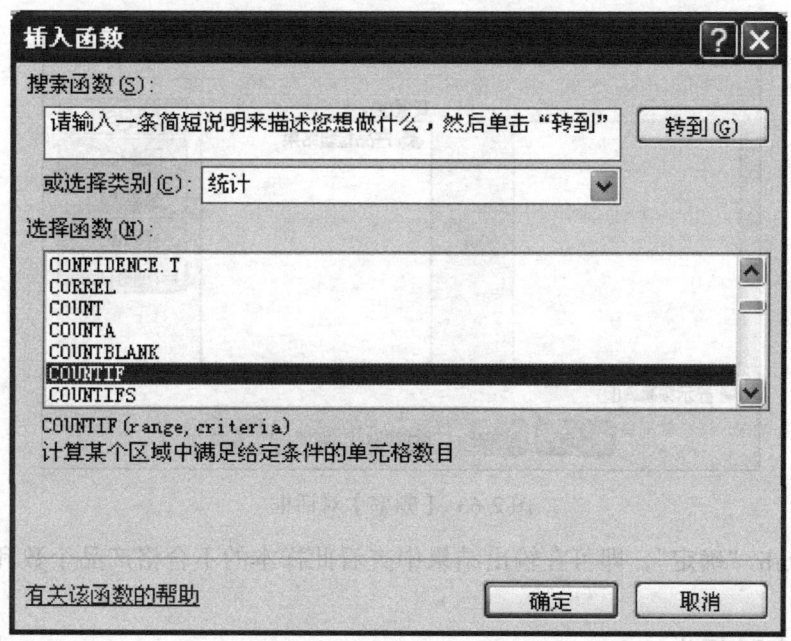

图 2-61 插入 COUNTIF 函数

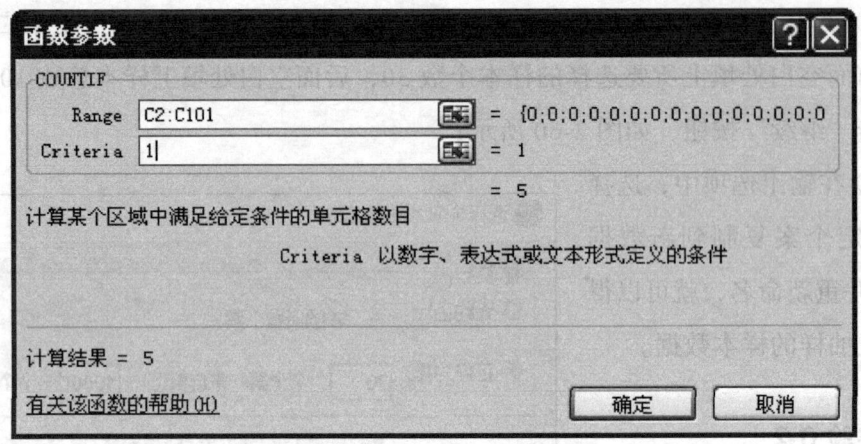

图 2-62 COUNTIF 函数对话框

用同样的方法得到其他样本的不合格品的个数与不合格率。

（2）SPSS 操作

抽样方法同实验 6-1，每抽样一次计算一次样本产品的合格率，具体方法如下：

① 在菜单栏执行：【分析→描述统计→频率】，并将"产品检验结果"添加到右边的空白框中，并默认勾选"显示频率表"，如图 2-63 所示；

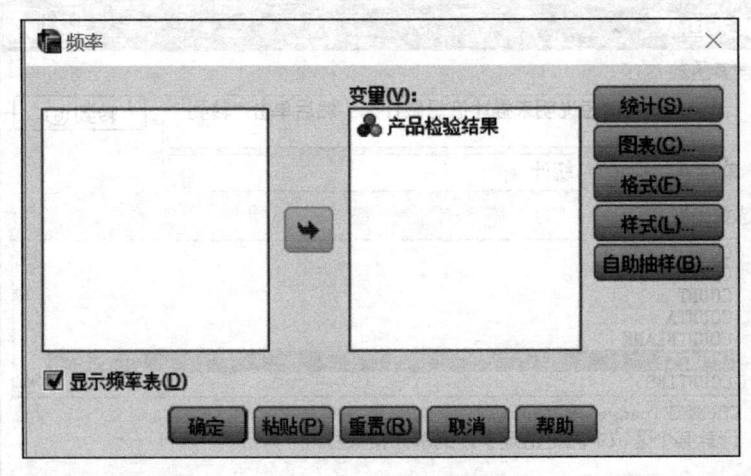

图 2-63 【频率】对话框

② 点击"确定"，即可在输出结果中查看此样本的不合格产品个数和频率。

2.6.4 实验报告

（1）操作过程和步骤；

（2）实验 6-1 和实验 6-2 的分配数列（表 2-5 和表 2-6）；

（3）实验 6-1 和实验 6-2 的分配数列对应的频数和频率分布直方图；

（4）回答实验 6-1 和实验 6-2 中的问题。

2.7 实验 7——参数估计

2.7.1 实验目的

掌握运用 Excel 和 SPSS 进行参数的区间估计的方法。

2.7.2 实验项目

○实验 7-1

运用 Excel 计算常用连续随机变量分布的临界值。

计算以下分布的临界值：$Z_{\alpha/2}=Z_{0.025}$、$t_{\alpha/2}(k)=t_{0.025}(44)$

$\chi^2_{\alpha}(k)=\chi^2_{0.05}(16)$、$F_{\alpha}(k_1,k_2)=F_{0.05}(15,20)$

○实验 7-2

假设某地有 10 000 户家庭，月消费数据见 data6-1。从这 10 000 户家庭的月消费数据中随机抽取 45 户作为样本，对总体月消费均值做置信水平为 95% 的区间估计。①假设总体均值为 2 720，标准差为 280，你构造的置信区间包含总体均值吗？②假设总体均值为 2 720，标准差未知，你构造的置信区间包含总体均值吗？③如果你构造的置信区间不包含总体均值，你做何解释？④构造置信水平为 99% 的置信区间。（计算结果保留两位小数）

○实验 7-3

一家银行为了评估不同区域 ATM 机的使用状况，在两个不同区域各抽取了一台 ATM 机,记录下这两台 ATM 机连续 30 天的取款数据,数据见 data7-1,假设两台 ATM 机日取款额的方差相等。①对两台 ATM 机的平均日取款额的差额做点估计,解释差额的意义;②分别对两台 ATM 机的日平均取款额做置信水平为 95% 的区间估计;③对两台 ATM 机日平均取款额的差额做置信水平为 95% 的区间估计,这两台 ATM 机的日取款额存在显著差异吗?(计算结果保留两位小数)

○ 实验 7-4

在混合型基金中随机抽取 45 只,统计出在它们在某一时间段的月收益率和半年收益率,数据见 data7-2。①这两个样本是独立样本还是匹配样本?②对这 45 只基金的月收益率和半年收益率的差值做置信水平为 95% 的区间估计。③这 45 只基金的平均月收益率和半年收益率存在显著差异吗?(计算结果保留两位小数)

2.7.3 实验步骤

实验 7-1

Excel 操作

① 求 $Z_{\alpha/2}=Z_{0.025}$ 的值。选中一个单元格→插入函数→统计函数→NORM.S.INV →在 Probability 选项中输入 0.975 →确定。如图 2-64 所示;

② 求 $t_{\alpha/2}(k)=t_{0.025}(44)$ 的值。选中一个单元格→插入函数→统计函数→T.INV.2T →在 Probability 选项中输入 0.05,Deg_freedom 选项中输入 44 →确定。如图 2-65 所示;

③ 求 $\chi_\alpha^2(k)=\chi_{0.05}^2(16)$ 的值。选中一个单元格→插入函数→统计函数→CHISQ.INV.RT →在 Probability 选项中输入 0.05,Deg_freedom 选项中输入 16 →确定。如图 2-66 所示;

④ 求 $F_\alpha(k_1,k_2)=F_{0.05}(15,20)$ 的值。选中一个单元格→插入函数→统计函数→F.INV.RT →在 Probability 选项中输入 0.05,Deg_freedom1 选项中输入 15,

Deg_freedom2 选项输入 20 →确定。如图 2-67 所示；

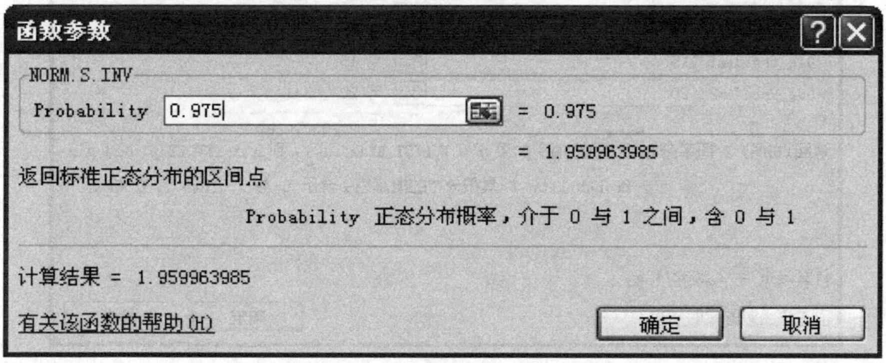

图 2-64　标准正态分布临界值

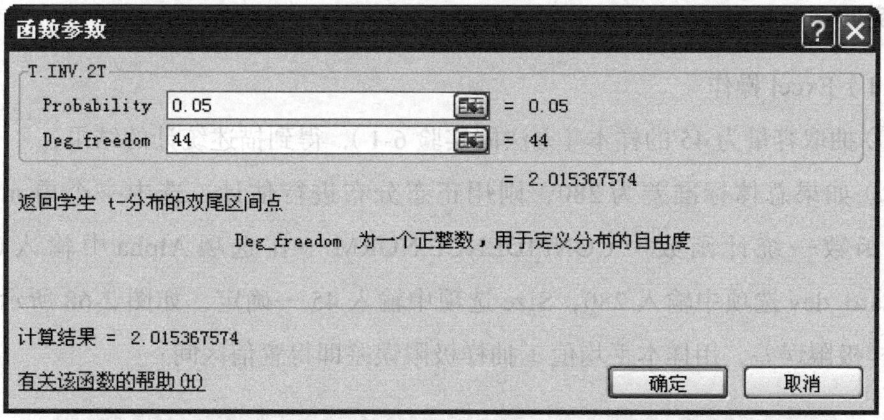

图 2-65　t 分布临界值

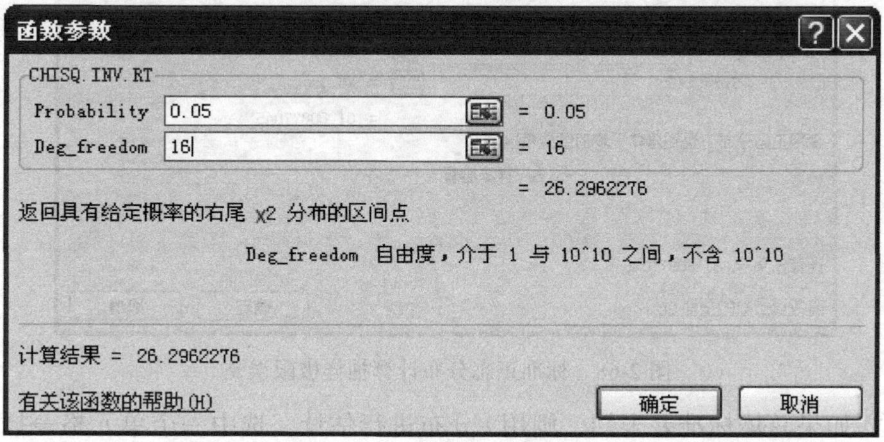

图 2-66　卡方分布临界值

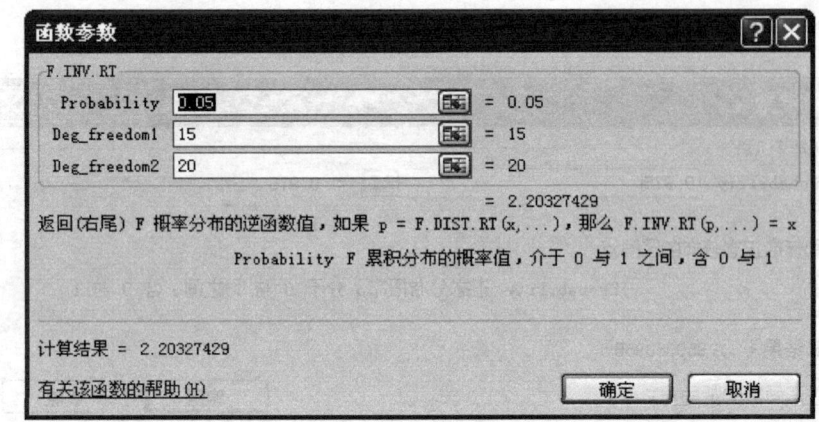

图 2-67　F 分布临界值

实验 7-2

（1）Excel 操作

① 抽取容量为 45 的样本（方法同实验 6-1），得到描述统计的结果；

② 如果总体标准差为 280，则用正态分布进行估计。选中一个单元格→插入函数→统计函数→CONFIDENCE.NORM→在选项 Alpha 中输入 0.05，Standard_dev 选项中输入 280，Size 选项中输入 45→确定，如图 2-68 所示。得到抽样极限误差，用样本平均值±抽样极限误差即得置信区间；

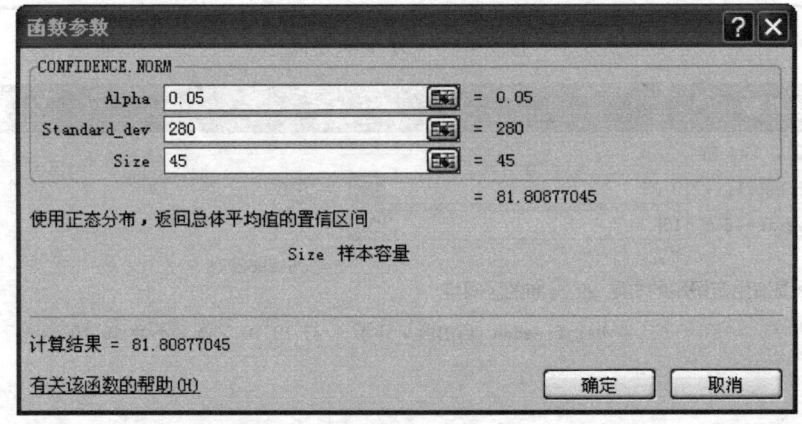

图 2-68　标准正态分布计算抽样极限误差

③ 如果总体标准差未知，则用 t 分布进行估计。选中一个单元格→插入函数→统计函数→CONFIDENCE.T→在选项 Alpha 中输入 0.05，Standard_dev 选

项中输入样本标准差的值，Size 选项中输入 45→确定，如图 2-69 所示。得到抽样极限误差，用样本平均值±抽样极限误差即得置信区间；

④ 如果置信水平为 99%，则在选项 Alpha 中输入 0.01 即可。

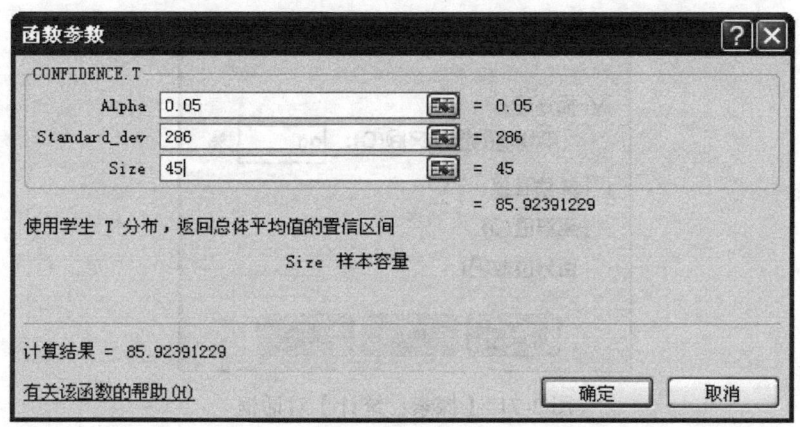

图 2-69　t 分布计算抽样极限误差

（2）SPSS 操作

① 抽取容量为 45 的样本（方法同实验 6-1）；

② 菜单栏选择【分析→描述统计→探索】，将变量"家庭月消费支出"添加到因变量列表里，如图 2-70 所示；

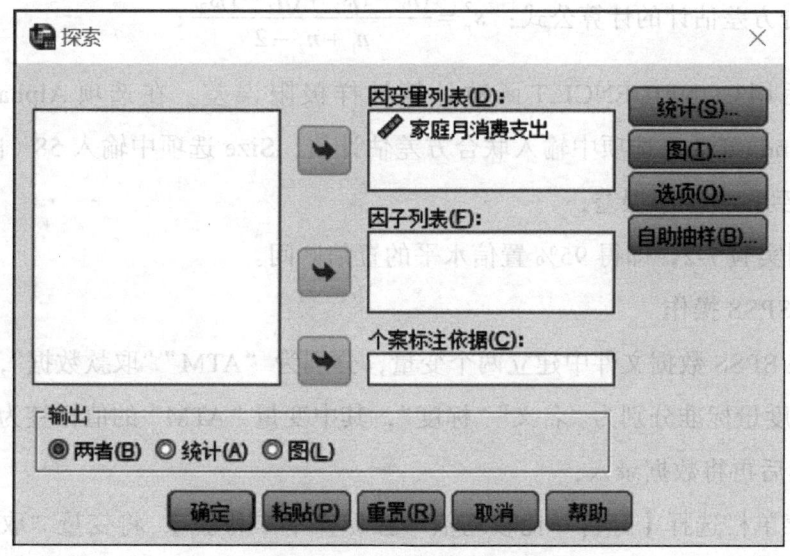

图 2-70　【探索】对话框

③ 点击"确定"按钮，即可在输出结果中查看总体方差未知时的区间估计；

④ 如果置信水平是 99%，点击"统计按钮"，将默认的 95% 改成 99% 即可，如图 2-71。

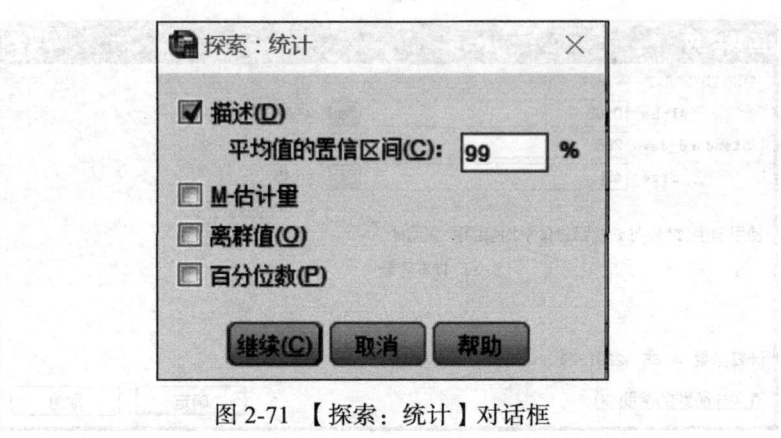

图 2-71 【探索：统计】对话框

实验 7-3

（1）Excel 操作

① 对 A、B 两台 ATM 机日取款额做描述统计；

② 计算两者的样本平均数之差和样本方差的加权算术平均数（联合方差估计）。联合方差估计的计算公式：$s_p^2 = \dfrac{(n_1-1)s_1^2 + (n_2-1)s_2^2}{n_1+n_2-2}$；

③ 运用 CONFIDENCE.T 函数计算抽样极限误差。在选项 Alpha 中输入 0.05，Standard_dev 选项中输入联合方差估计值，Size 选项中输入 58（自由度），确定，得到抽样极限误差；

④ 同实验 7-2，即得 95% 置信水平的置信区间。

（2）SPSS 操作

① 在 SPSS 数据文件中建立两个变量，分别为"ATM""取款数据"，注意变量属性的度量标准分别为"名义""标度"，其中变量"ATM"的值标签为：1—A，2—B，然后再将数据录入；

② 菜单栏选择【分析→比较均值→独立样本 T 检验】，将变量"取款数据"添入检验变量的空白框中，将"ATM"选入分组变量框中，此时"定义组"按

钮将被激活,如图 2-72 所示;

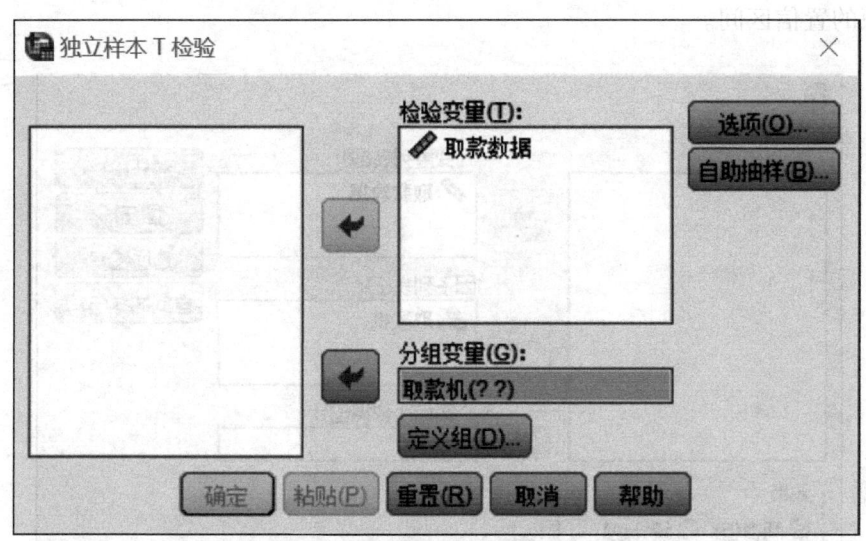

图 2-72 【独立样本 T 检验】主对话框

③ 点击"定义组"按钮,根据前面值标签的设置,用指定变量值分组,如图 2-73 所示;

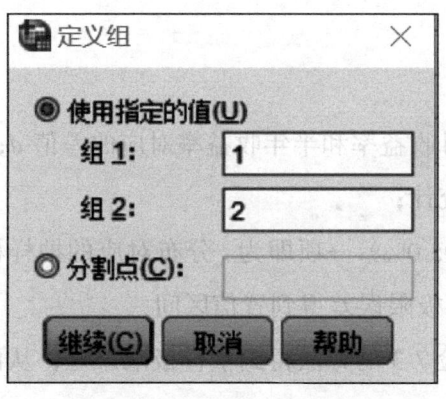

图 2-73 【定义组】对话框

④ 完成以上操作步骤后,点击图 2-70 所示的"确定"按钮即可在输出结果中查看到两台 ATM 的日均取款额的数据以及两台 ATM 日均取款额差额的置信区间;

⑤ 菜单栏点击【分析→描述统计→探索】,将变量"取款数据"添加到因变量列表里,"取款机"添加至因子列表中,如图 2-74 所示;

⑥ 点击"确定"按钮，即可在输出结果中查看到 A、B 两台取款机的日均取款额的置信区间。

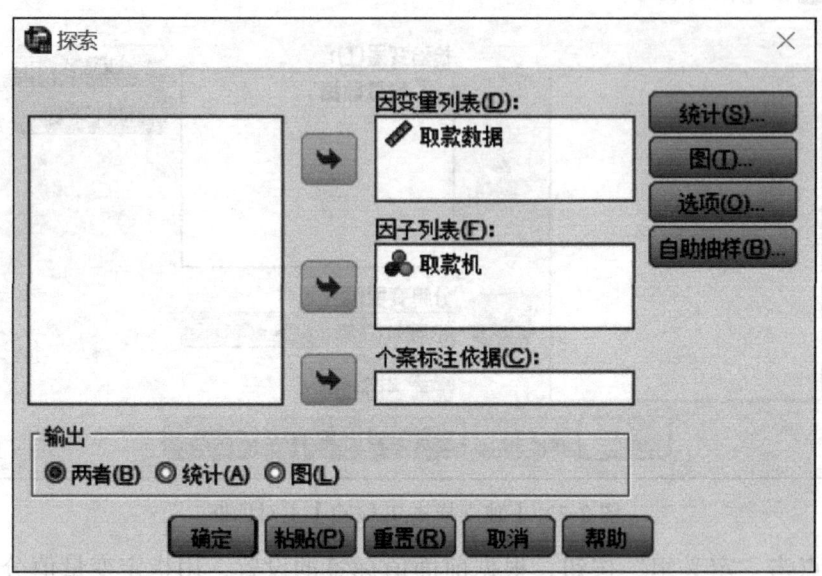

图 2-74 【探索】对话框

实验 7-4

（1）Excel 操作

① 计算每只基金月收益率和半年收益率对应的差值 d；

② 对差值做描述统计；

③ 其中置信度（95.0%）一项即为 t 分布对应的抽样极限误差（边际误差），用样本平均值加减抽样极限误差得到置信区间；

④ 也可以运用实验 7-3 的方法得到抽样极限误差，从而得到置信区间。

（2）SPSS 操作

① 首先建立 SPSS 数据文件，建立两个变量"月收益率"、"半年收益率"，录入相应的数据；

② 菜单栏选择【分析→比较均值→成对样本 T 检验】，在弹出的对话框中，确定要配对分析的变量，按图 2-75 所示进行设置；

③ 点击"确定"按钮，即可在输出列表中查看结果。

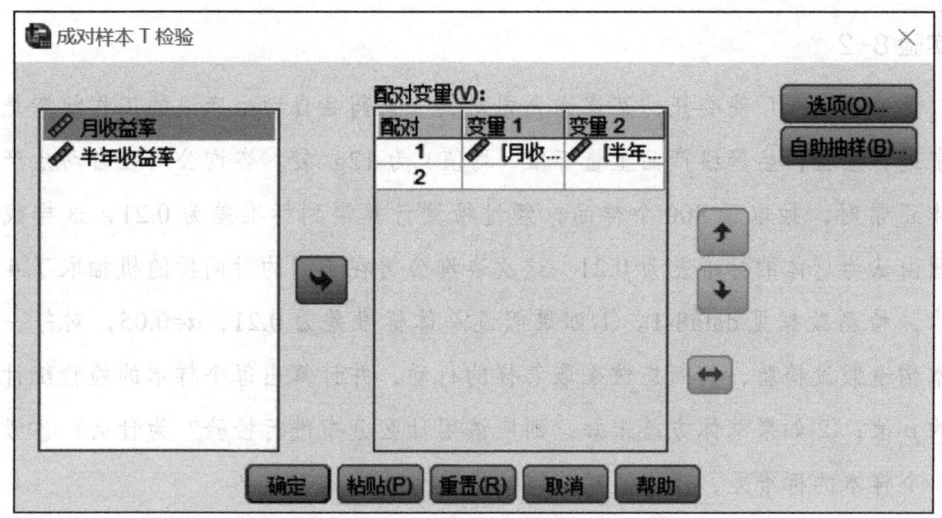

图 2-75　成对样本 T 检验对话框

2.7.4　实验报告

（1）操作过程和步骤；

（2）实验 7-1 至实验 7-4 的计算结果和估计结果；

（3）回答实验 7-2 至实验 7-4 中的问题。

2.8　实验 8——假设检验

2.8.1　实验目的

掌握运用 Excel 和 SPSS 进行假设检验的方法。

2.8.2　实验项目

○实验 8-1

运用 Excel 计算常用连续随机变量分布的概率。

计算以下分布对应的概率：标准正态分布 $p(Z > 2)$，t 分布 $p(t(29) > 2.5)$，卡方分布 $p(\chi^2(15) > 27)$，F 分布 $p(F(16,22) > 3)$。

○ 实验 8-2

受一家生产厂商委托，某咨询公司对其一条药品自动生产线的工作状态是否正常进行检验，生产线产品重量标准（均值）为 12g/袋。咨询公司在自动生产线工作正常时，抽取了 800 个样品，经过检测计算得到标准差为 0.21，这样我们有理由认为总体的标准差为 0.21。这次咨询公司在不同的时间段随机抽取了 4 个样本，检测数据见 data8-1。①如果假设总体标准差为 0.21，$\alpha=0.05$，对每一个样本构造假设检验，判断应该采取怎样的行动，并计算出每个样本的检验统计对应的 p 值；②如果总体方差未知，则应该用什么分布进行检验？为什么？③考虑每一个样本的标准差，我们假定总体标准差为 0.21 合理吗？

○ 实验 8-3

某汽车网站为了比较不同品牌汽车的油耗情况，选取了福特蒙迪欧和大众帕萨特进行调查，选取的两款车型都是涡轮增压 2.0l 发动机，自动挡变速箱，油耗数据见 data8-2。①这两款车型平均油耗的点估计是多少？差值为多少？②假设总体方差相等，检验两款车型平均油耗是否存在显著差异（$\alpha=0.05$）。

○ 实验 8-4

问题同实验 7-4。检验这 45 只基金的平均月收益率和半年收益率是否存在显著差异（$\alpha=0.05$）。

2.8.3 实验步骤

实验 8-1

Excel 操作

① 求 $p(Z>2)$ 的值。选中一个单元格→插入函数→统计函数→NORM.S.DIST→在 Z 选项中输入 2，Cumulative 选项中输入 1→确定，如图 2-76 所示；再计算 1−0.977 249 868 即得；（Cumulative 是决定函数形式的逻辑值，取

1 返回累计分布函数，取 0 返回概率密度函数。）也可以在 Z 选项中输入 –2，Cumulative 选项中输入 1，直接得到结果；

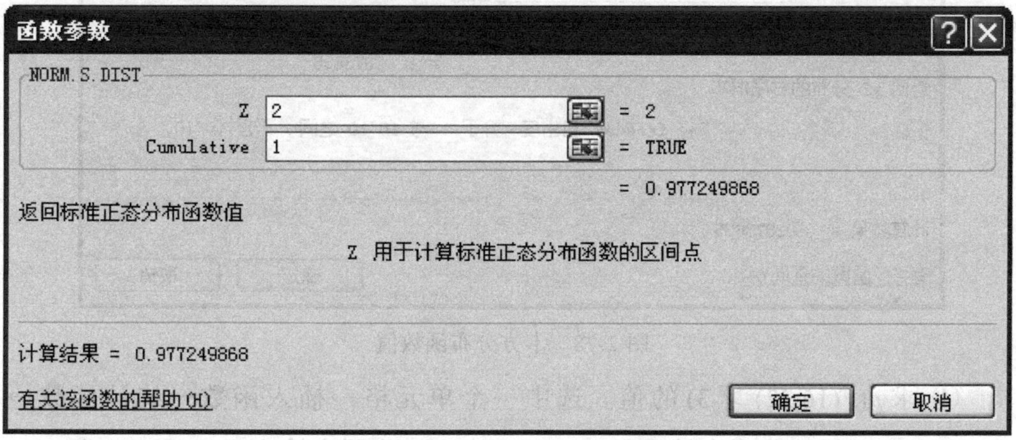

图 2-76　标准正态分布函数值

② 求 $p(t(29) > 2.5)$ 的值。选中一个单元格→插入函数→统计函数→T.DIST.RT→在 X 选项中输入 2.5，Deg_freedom 选项中输入 29→确定，如图 2-77 所示；

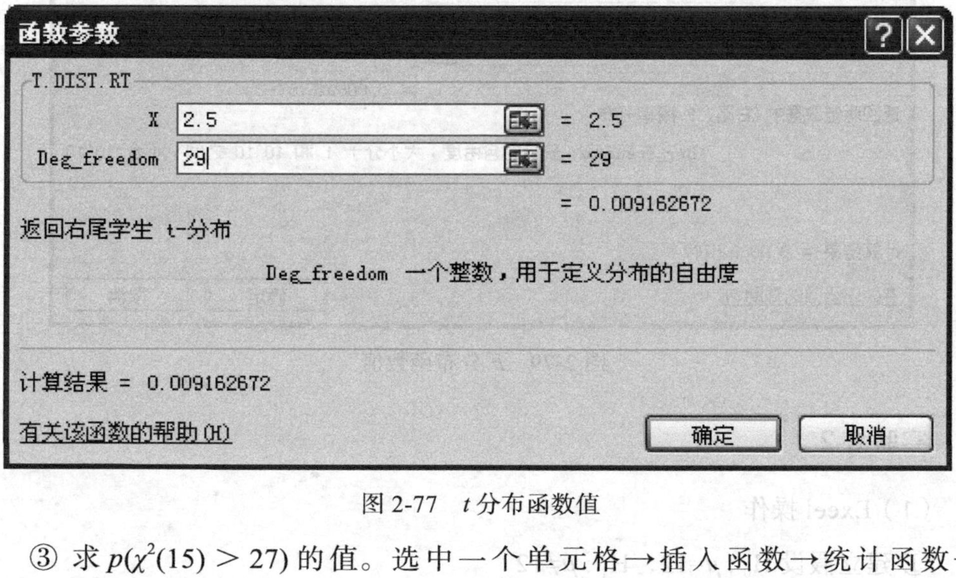

图 2-77　t 分布函数值

③ 求 $p(\chi^2(15) > 27)$ 的值。选中一个单元格→插入函数→统计函数→CHISQ.DIST.RT→在 X 选项中输入 27，Deg_freedom 选项中输入 15→确定，如图 2-78 所示；

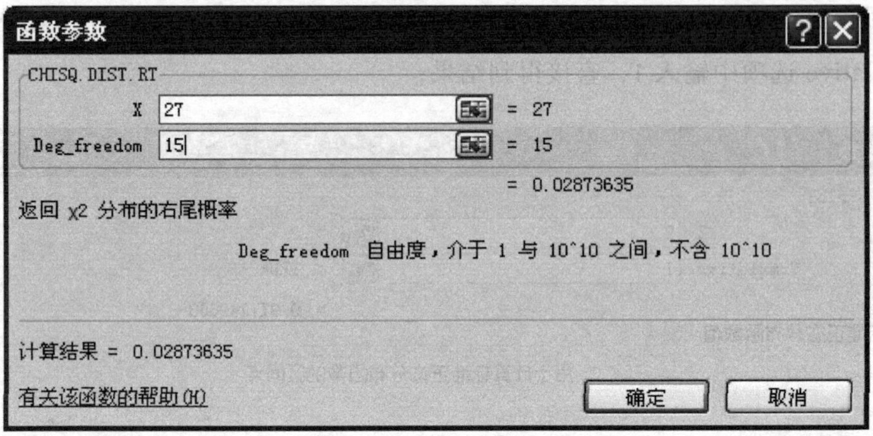

图 2-78　卡方分布函数值

④ 求 $p(F(16,22) > 3)$ 的值。选中一个单元格→插入函数→统计函数→F.DIST.RT→在 X 选项中输入 3，Deg_freedom1 选项中输入 16，Deg_freedom2 选项中输入 22→确定，如图 2-79 所示。

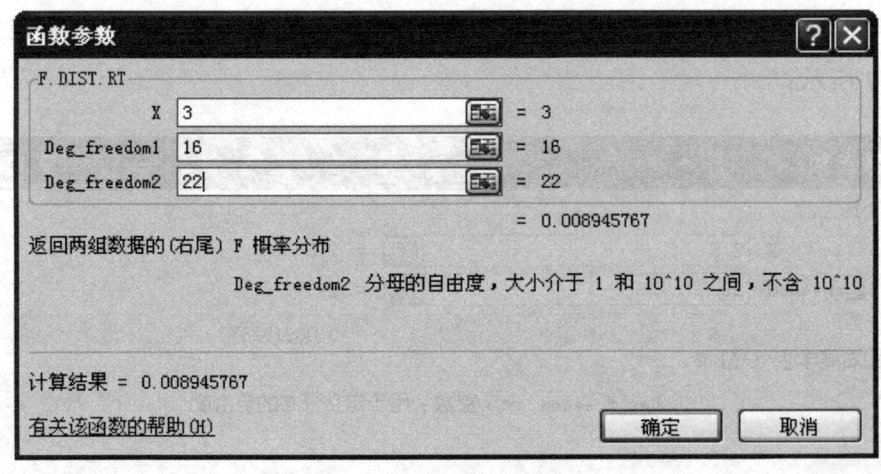

图 2-79　F 分布函数值

实验 8-2

（1）Excel 操作

① 建立假设 $H_0 : \mu = 12$，$H_1 : \mu \neq 12$

② 对 4 个样本做描述统计；

③ 计算检验统计量的值。由于是大样本，总体方差未知，故用 t 检验。计算

公式为：$t = \dfrac{\overline{X} - \mu}{s/\sqrt{n}}$，样本 1 检验统计量的值为 $-1.027\,392$；

④ 计算 t 分布的临界值，方法同实验 7-1。当双侧检验，$\alpha=0.05$，自由度为 29 时 $t_{0.025}(29)=2.045\,229\,6$。比较临界值，则不拒绝原假设；

⑤ 计算样本 1 检验统计量 $-1.027\,392$ 对应的 p 值，得 $p=0.312\,729\,582 > \alpha=0.05$，故不拒绝原假设。

其他样本的检验方法同上。

（2）SPSS 操作

① 首先建立 SPSS 数据文件，有 4 组样本数据所以需要建立 4 个变量："VAR00001""VAR00002""VAR00003""VAR00004"；

② 选择菜单【分析→比较均值→单样本 T 检验】，并在检验值一栏输入"12"，用来检验产生的样本均值与检验值有无显著性差异，如图 2-80 所示：

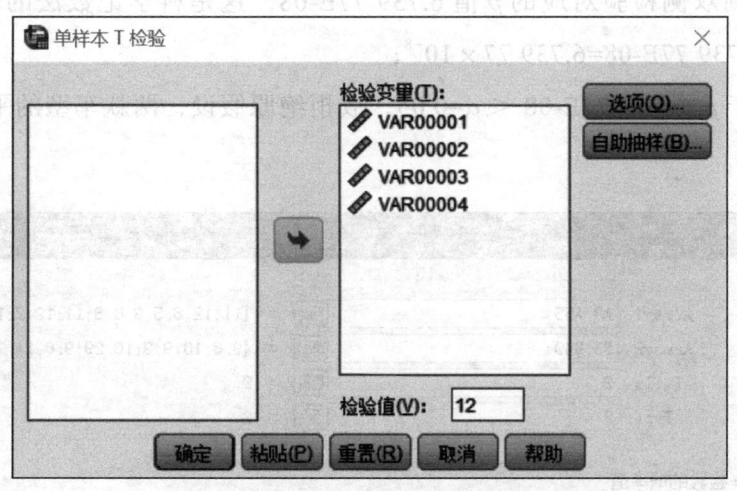

图 2-80 单样本 T 检验对话框

③ 点击"确定"，便可在输出结果中查看这 4 组样本数据的描述性统计量以及 t 统计量的值，包括对应的双尾检测概率的 P 值，从而对假设做出判断。

实验 8-3

（1）Excel 操作

① 建立假设：$H_0: \mu_1-\mu_2=0$，$H_1: \mu_1-\mu_2 \neq 0$；

② 对两个样本进行描述统计,得到平均油耗的点估计值和差值;

③ 计算样本方差的加权平均值(联合方差估计)。计算公式为:
$$s_p^2 = \frac{(n_1-1)s_1^2 + (n_2-1)s_2^2}{n_1 + n_2 - 2};$$

④ 计算检验统计量的值。计算公式为:$t = \dfrac{\overline{X}_1 - \overline{X}_2}{\sqrt{s_p^2(\dfrac{1}{n_1} + \dfrac{1}{n_2})}} \sim t(n_1 + n_2 - 2)$;

⑤ 计算 $t_{\alpha/2}(n_1+n_2-2)=t_{0.025}(98)$ 的值;

⑥ 将计算检验统计量的值与 $t_{0.025}(98)$ 进行比较,做出决策;

⑦ p 值方法。在 data8-2 中选择一个空单元格,插入函数→统计函数→T.TEST→在 Array1、Array2 选项中分别刷入两个样本数据,Tails 选项中输入 2(双侧检验),Type 选项中输入 2(等方差)→确定,如图 2-81 所示;

⑧ 得到双侧检验对应的 p 值 6.739 77E-08,这是科学记数法的表达形式,其值为:$6.739\ 77\text{E-}08 = 6.739\ 77 \times 10^{-8}$;

⑨ 由于 p=6.739 77E-08 < α=0.05,故拒绝原假设,两款车型的平均油耗存在显著差异。

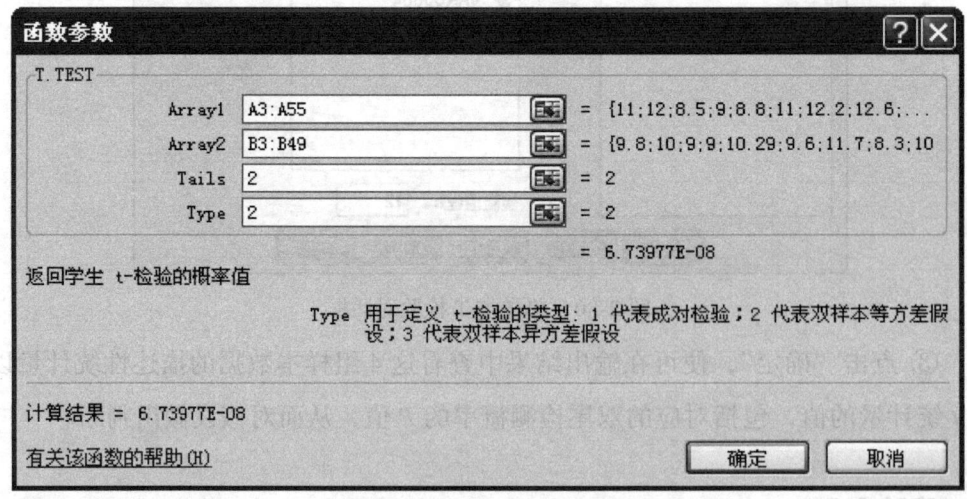

图 2-81 t 检验的 p 值方法

(2) SPSS 操作

① 根据 data8-2,在 SPSS 数据文件中建立两个变量,分别是"品牌"、"耗

油量",注意变量属性的度量标准分别为"名义"、"标度",其中变量"品牌"的值标签为:1—品牌,2—耗油量,然后再将数据录入;

② 菜单栏选择【分析→比较均值→独立样本 T 检验】,将变量"耗油量"添入检验变量的空白框中,将"品牌"选入分组变量框中,此时"定义组"按钮将被激活,如图 2-82 所示;

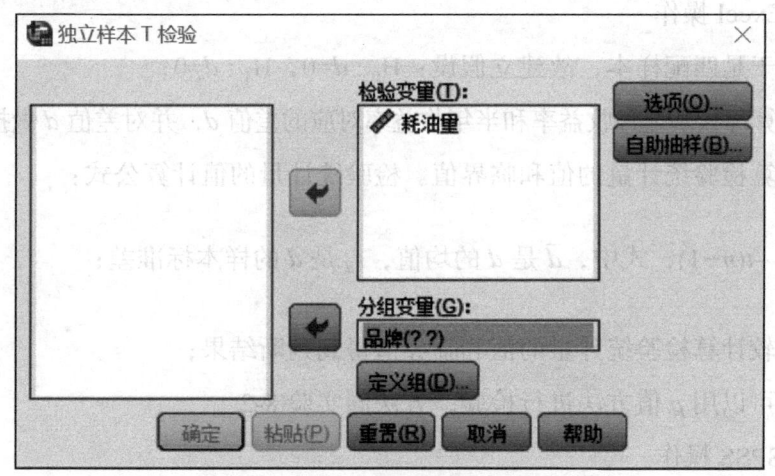

图 2-82 【独立样本 T 检验】对话框

③ 点击"定义组"按钮,根据前面值标签的设置,用指定变量值分组,如图 2-83 所示;

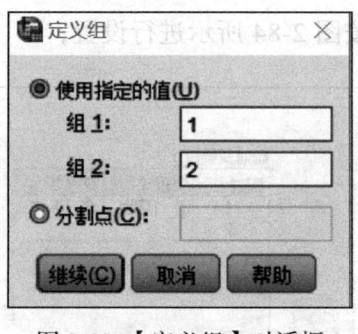

图 2-83 【定义组】对话框

④ 完成以上操作步骤后,点击图 2-82 所示的"确定"按钮即可得到运行结果;

⑤ 结果中的第一个表是两种汽车品牌样本的均值、标准差和均值标准误的描述统计结果;

⑥ 如果在判断两总体均值是否存在显著差异时，令 $H_0: \mu_1=\mu_2$，$H_1: \mu_1\neq\mu_2$。在结果中"假定等方差"一行查看对应的双尾检测概率，如果小于 0.05 则拒绝原假设，因此认为本题中两样本的均值显著不相等。

实验 8-4

（1）Excel 操作

① 由于是匹配样本，故建立假设：$H_0: d=0$，$H_1: d\neq 0$；

② 计算每只基金月收益率和半年收益率对应的差值 d，并对差值 d 做描述统计；

③ 计算检验统计量的值和临界值。检验统计量的值计算公式：

$t=\dfrac{\bar{d}}{s_d/\sqrt{n}} \sim t(n-1)$，式中，$\bar{d}$ 是 d 的均值，s_d 是 d 的样本标准差；

④ 比较计算检验统计量的值和临界值得到判断结果；

⑤ 也可以用 p 值方法进行检验，方法同实验 8-2。

（2）SPSS 操作

① 首先建立 SPSS 数据文件，建立两个变量"月收益率"、"半年收益率"，录入相应的数据；

② 菜单栏选择【分析→比较均值→成对样本 T 检验】，在弹出的对话框中，确定要配对分析的变量，按图 2-84 所示进行设置；

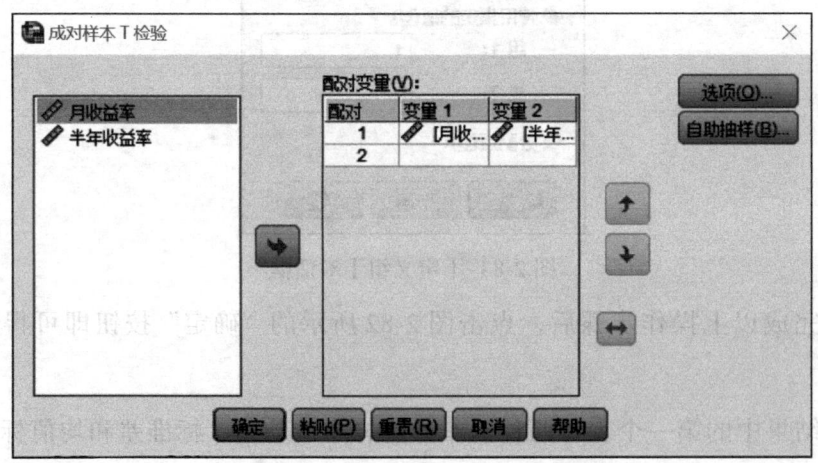

图 2-84 【成对样本 T 检验】对话框

③ 然后点击"确定"按钮，即可在输出结果中查看运行结果；

④ 第一个表是对"月收益率"和"半年收益率"这两个变量的描述性统计。第二个表是配对样本 T 检验的简单相关关系检验结果，其中第三列为两个变量的相关性系数，第四列是相关系数的检验 p 值。如果 $p < 0.05$，则拒绝原假设，即"月收益率"和"半年收益率"之间存在明显的线性关系。第三个表是配对样本 T 检验的最终结果，给出了这 45 只基金的月收益率和半年收益率的平均差值、差值的标准差、均值标准误、置信区间、t 值及对应的 p 值。如果 $p < 0.05$，则拒绝原假设，即认为这 45 只混合型基金的月收益率和半年收益率存在明显差异。

2.8.4 实验报告

（1）操作过程和步骤；

（2）实验 8-1 至实验 8-4 的计算结果和判断结果；

（3）回答实验 8-2 至实验 8-4 中的问题。

2.9 实验 9——方差分析

2.9.1 实验目的

掌握运用 Excel 和 SPSS 进行方差分析的方法。

2.9.2 实验项目

○实验 9-1

由于运动项目的不同，运动员达到高峰的年龄也不同。如跳水、体操等项目，运动员在很小年龄即可达到高峰，而射击、投掷等项目，运动员则要在较大年龄达到高峰。数据 data9-1 是统计了七届奥运会三个女子个人项目运动员获得冠军时的年龄数据。①判断这三个项目获得冠军的运动员年龄有无显著差异？②这三个项目获得冠军的运动员年龄都显著不一样吗？（$\alpha=0.05$）

○ 实验 9-2

每个人的学习能力是不同的，而且有倾向性，有人善于写作，有人精于数学。一项学习能力倾向测试包括三个部分：阅读、数学和写作，每个部分满分为 800 分。由 6 名学生参加的测试结果的样本数据见 data9-2。①这个实验是什么类型的实验？②在显著性水平为 0.05 的条件下，6 名学生的测试成绩存在差异吗？③测试的哪一部分可能是学生的薄弱部分？为什么？

○ 实验 9-3

为了测试洗衣粉的溶解速度，某产品实验室对三种品牌的洗衣粉进行了检测。检测采用控制温度的相同容量的冷水和热水，将相同量的洗衣粉进行溶解。每个品牌的洗衣粉分别在冷水和热水条件下进行 4 次检测，记录下完全溶解所需要的时间，数据见 data9-3（单位：秒）。①这个实验是什么类型的实验？②洗衣粉品牌和水温有交互效应吗？③品牌的效应显著吗？④水温效应显著吗？

2.9.3 实验步骤

实验 9-1

（1）Excel 操作

① 建立假设 $H_0: \mu_1=\mu_2=\mu_3$，$H_1: \mu_i$ 不全相等（$i=1, 2, 3$）；

② 选择数据→数据分析→确定。在数据分析对话框里选择"方差分析：单因素方差分析"，确定，如图 2-85 所示；

③ 在"单因素方差分析"对话框中的"输入区域"中刷入所要分析的数据，定义输出区域，确定，即得分析结果，如图 2-86 所示；

④ 计算各列的平均值，并计算两两均值之差的绝对值。选择对应的单元格，键入"=ABS"，再选择对应的列均值之差，得到其绝对值；

⑤ 计算 $t_{\alpha/2}(n-k)=t_{0.025}(18)$ 的值，单因素方差分析中的组内差异对应的 MS 即为 MSE 的值。

⑥ 选中一个单元格，按公式 $LSD_{ij} = t_{\alpha/2}(n-k)\sqrt{MSE(\dfrac{1}{n_i}+\dfrac{1}{n_j})}$ 计算各个 LSD 的值。开方函数为 SQRT；

⑦ 将各列均值之差的绝对值与对应的 LSD 进行比较，即得多重比较的结果。

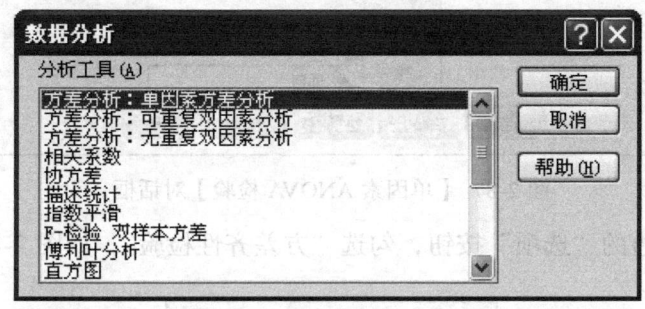

图 2-85　数据分析对话框

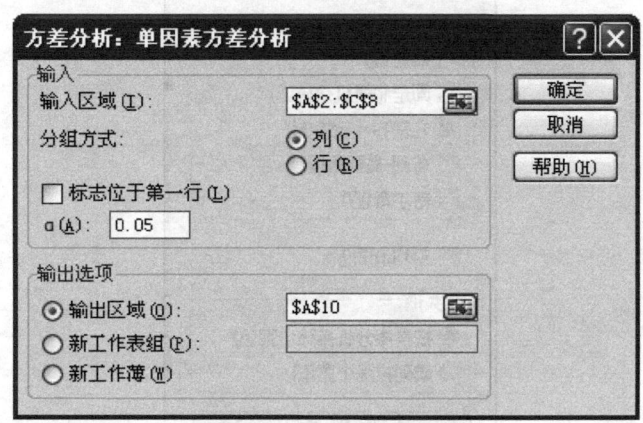

图 2-86　单因素方差分析

（2）SPSS 操作

① 在 SPSS 的数据编辑窗口中建立两个变量，分别是"项目"、"年龄"，并全部定义为数值型变量，输入数据；

② 由于方差分析的前提是各水平下（这里是不同运动项目影响下的年龄）的各组方差具有齐性，即观测变量总体的方差应相等，于是做出假设：$H_0: \sigma_1^2 = \sigma_2^2 = \sigma_3^2$，并对方差相等的前提进行检验。选择菜单【分析→比较平均值→单因素 ANOVA 检验】，将"年龄"选入因变量列表，"项目"选入因子中，如图 2-87 所示；

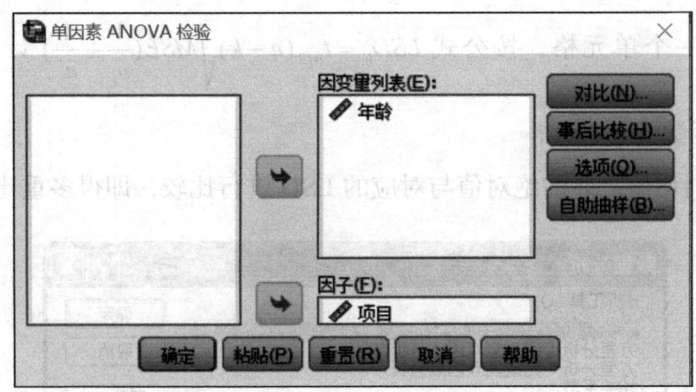

图 2-87 【单因素 ANOVA 检验】对话框

③ 单击右边的"选项"按钮,勾选"方差齐性检验",如图 2-88 所示;

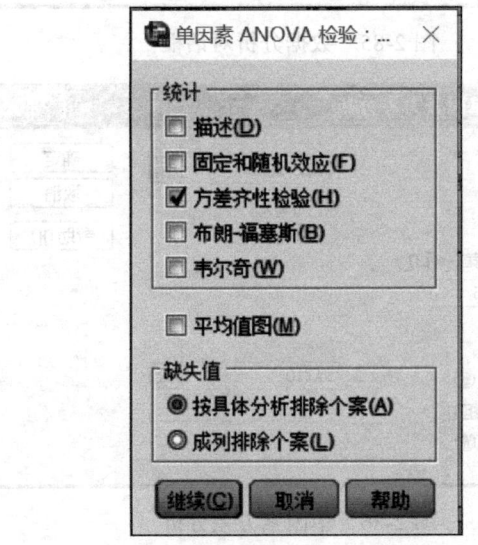

图 2-88 【单因素 ANOVA 检验】对话框

④ 然后点击"确定",便可在输出结果中看到两个表。第一个表中的 $p=0.765>\alpha$,故不拒绝 H_0 假设;另一个表中给出了组间比较的 p 值为 0,故拒绝原假设。

实验 9-2

(1) Excel 操作

① 建立假设:H_0:行或列的均值相等,H_1:行或列的均值不全相等;

② 选择数据→数据分析→确定。在数据分析对话框里选择"方差分析:无

重复双因素分析",确定;

③ 在"无重复双因素分析"对话框中的"输入区域"中刷入所要分析的数据(注意:学生序号不能刷入),定义输出区域,确定,即得分析结果,如图 2-89 所示。

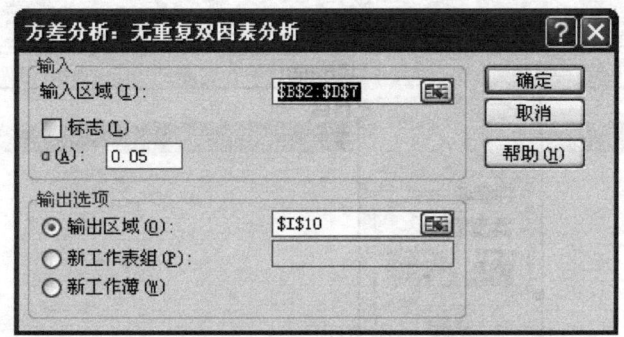

图 2-89　随机化区组设计

(2) SPSS 操作

① 在 SPSS 的数据编辑窗口中建立三个变量,分别是"科目""分数""学生",将第一个变量定义为字符串型变量,后两个变量定义为数值型变量,并录入数据;

② 选择菜单【分析→一般线性模型→单变量】,并按图 2-90 进行设置;

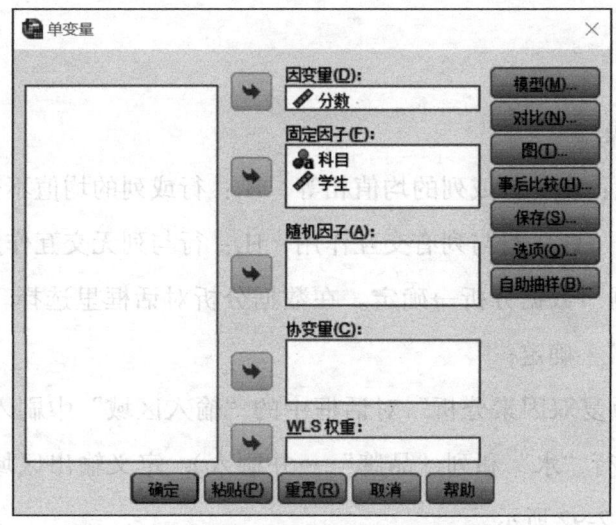

图 2-90　【单变量】设置对话框

③ 在图 2-90 的对话框中单击"模型"按钮，按图 2-91 进行设置。然后点击"继续""确定"，即可在输出列表中查看结果。

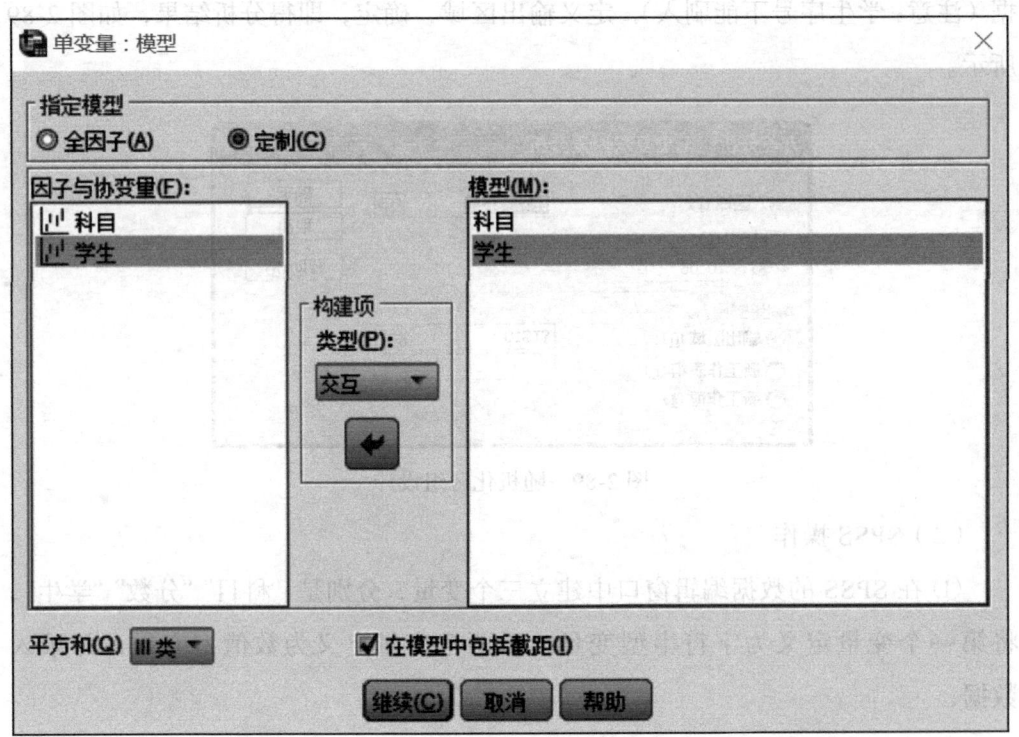

图 2-91 【单变量：模型】对话框

实验 9-3

（1）Excel 操作

① 建立假设：H_0：行或列的均值相等，H_1：行或列的均值不全相等；

H_0：行与列有交互作用，H_1：行与列无交互作用；

② 选择数据→数据分析→确定。在数据分析对话框里选择"方差分析：可重复双因素分析"，确定；

③ 在"可重复双因素分析"对话框中的"输入区域"中刷入所要分析的数据（注意：需将行"水"和列"品牌"一并刷入），定义输出区域，确定，即得分析结果，如图 2-92 所示。

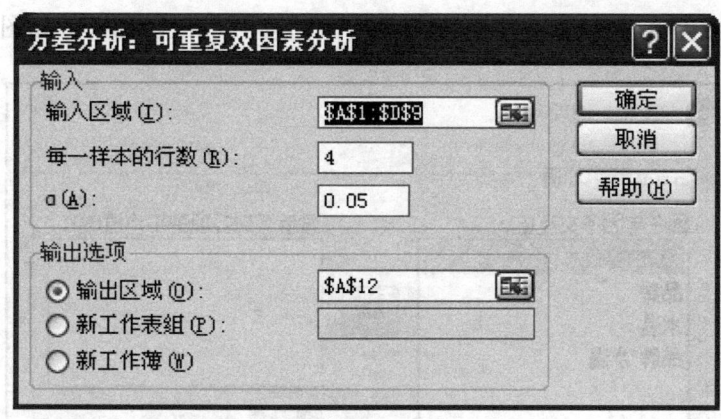

图 2-92 可重复双因素方差分析

（2）SPSS 操作

① 在 SPSS 的数据编辑窗口中建立三个变量，分别是"品牌""水温""溶解时间"，将前两个变量定义为字符串型变量，最后一个变量定义为数值型变量，并输入数据；

② 选择菜单【分析→一般线性模型→单变量】，并按图 2-93 进行设置；

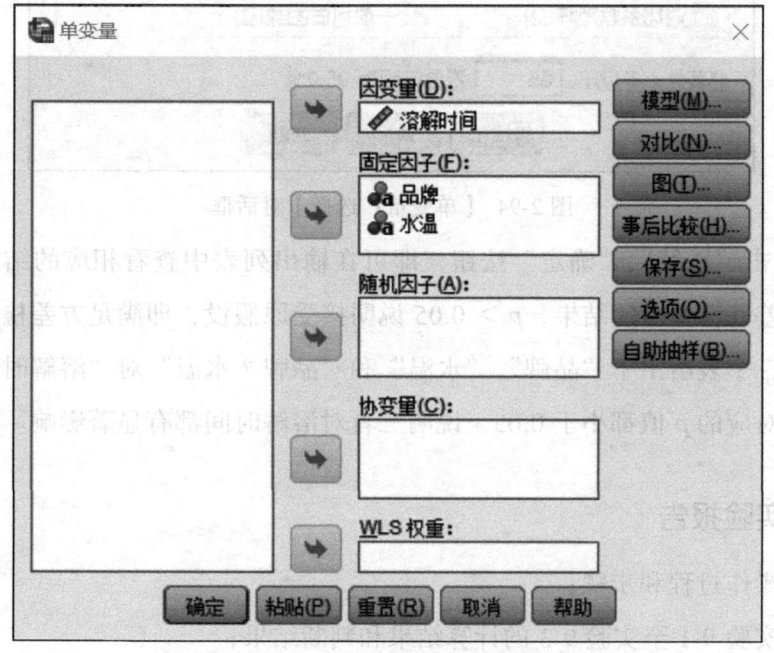

图 2-93 【单变量】对话框

③ 设置方差齐性检验。单击"选项"按钮，选中"齐性检验"，如图 2-94 所示；

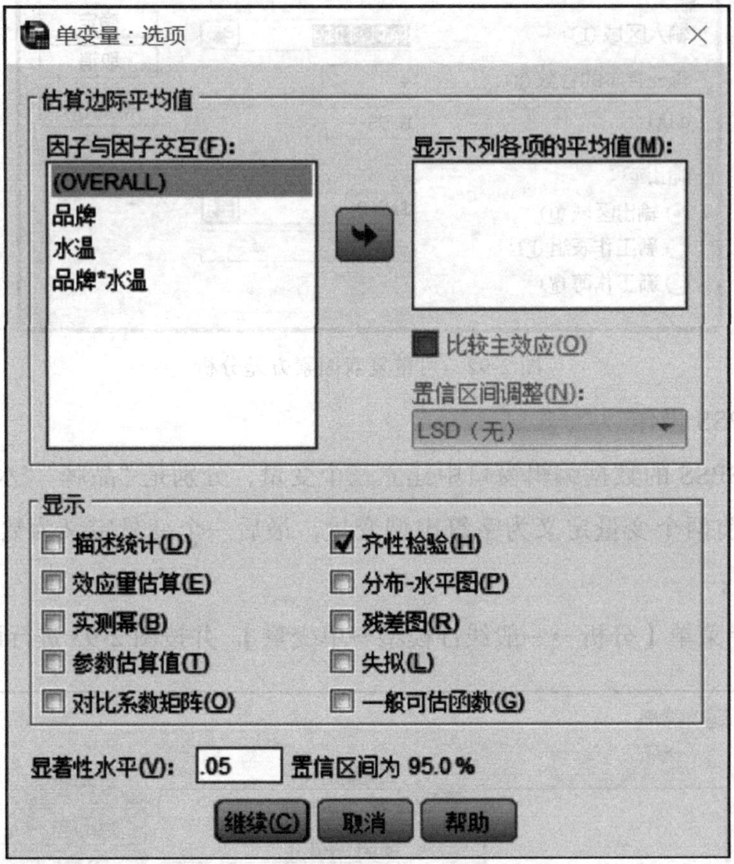

图 2-94 【单变量：选择】对话框

④ 点击"继续"、"确定"按钮，即可在输出列表中查看相应的结果。第二个表是方差齐性检验的结果，$p > 0.05$ 说明接受原假设，即满足方差检验的前提条件。第三个表给出了"品牌"、"水温"和"品牌*水温"对"溶解时间"的影响程度。对应的 p 值都小于 0.05，说明三者对溶解时间都有显著影响。

2.9.4 实验报告

（1）操作过程和步骤；

（2）实验 9-1 至实验 9-3 的计算结果和判断结果；

（3）回答实验 9-1 至实验 9-3 中的问题。

2.10 实验10——相关分析与回归分析

2.10.1 实验目的

掌握运用 Excel 和 SPSS 进行相关分析与回归分析的方法。

2.10.2 实验项目

○ 实验10-1

凯恩斯边际消费倾向理论认为，人们的消费会随着收入的增加而增加，但消费的增加没有收入增加得快。国家统计局公布的2013年全国各地区城镇居民可支配收入和消费支出数据见data10-1。①计算相关系数；②如果建立一元线性回归方程，哪个变量是自变量，哪个变量是因变量？③绘制两个变量的散点图；④估计一元线性回归方程，并说明其斜率项的意义。你得到的结果符合凯恩斯边际消费倾向理论吗？⑤假设某地区的可支配收入达到50 000元时，预计其平均消费支出将达到多少？

○ 实验10-2

信用卡是一种非现金交易付款的方式，是简单的信贷服务，也是银行的收入来源之一。影响信用卡支付金额的因素很多，主要有持卡人的收入和家庭人数。一家银行为了了解信用卡的使用情况，在该行的信用卡持卡人中随机抽取了50人进行调查，数据见Data10-2。①建立二元线性回归方程，并进行估计；②解释两个斜率项的意义；③如果一个持卡人的年收入为60 000元，家庭人口为4人，其信用卡支付金额预计会达到多少？

○ 实验10-3

流通费用率，又称为流通费用水平，是商品流通费用总额对商品销售额的百分比，它是强度相对指标。流通企业非常重视流通费用率水平，它从一个侧面反映了一个企业的经营水平和竞争力。经济理论告诉我们，流通费用率与商品销售额存在相关性。为了证实这个结论，某地统计部门对当地的 10 家流通企业进行了调查，数据见 data10-3。①绘制流通费用率对商品销售额的散点图，你认为这两个变量是线性相关还是非线性相关？②计算商品销售额的倒数，然后绘制流通费用率对商品销售额倒数的散点图，将两个散点图进行比较；③建立两个变量的回归方程；④如果未来一家企业的商品销售额达到 9 亿元时，预测其流通费用率水平。

2.10.3 实验步骤

实验 10-1

（1）Excel 操作

① 选择数据→数据分析→相关系数→确定，如图 2-95 所示；

② 在"相关系数"对话框中的"输入区域"中刷入所要分析的数据，定义输出区域，确定，即得分析结果，如图 2-96 所示；

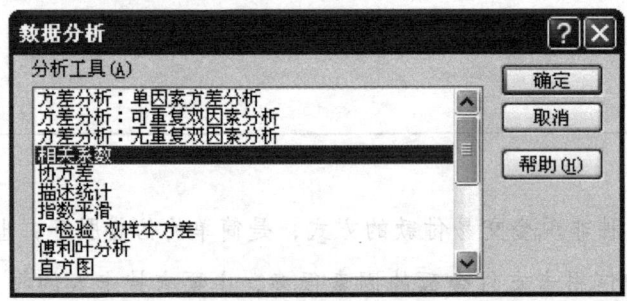

图 2-95 数据分析对话框

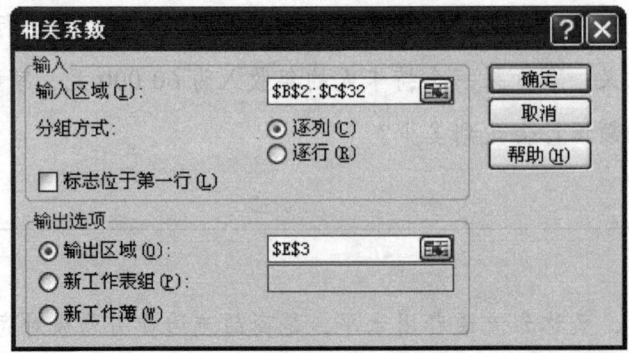

图 2-96 相关系数

③ 选择插入→散点图→确定。点击"选择数据",弹出选择数据源对话框,如图 2-97 所示。在图表数据区域中刷入消费数据,点击"编辑",弹出编辑数据系列对话框,如图 2-98 所示。在 X 轴系列值中刷入收入数据,确定,即得到散点图;

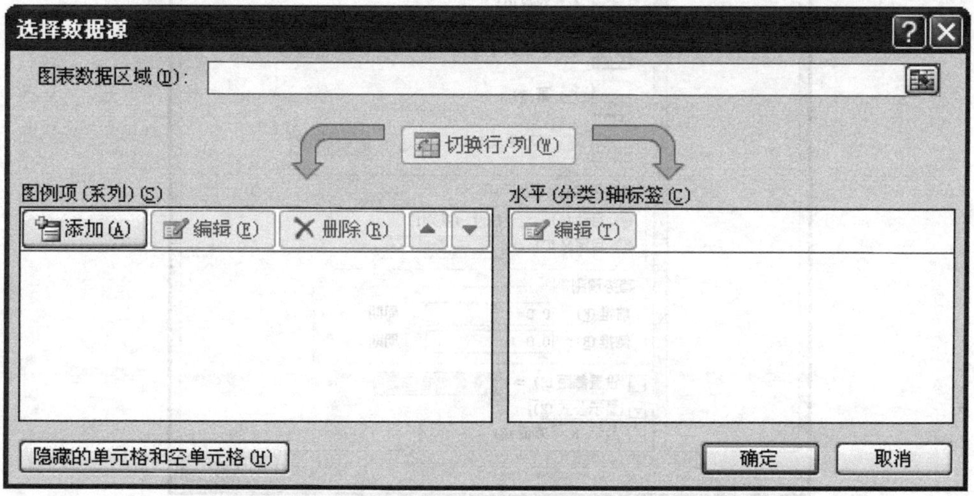

图 2-97 选择数据源

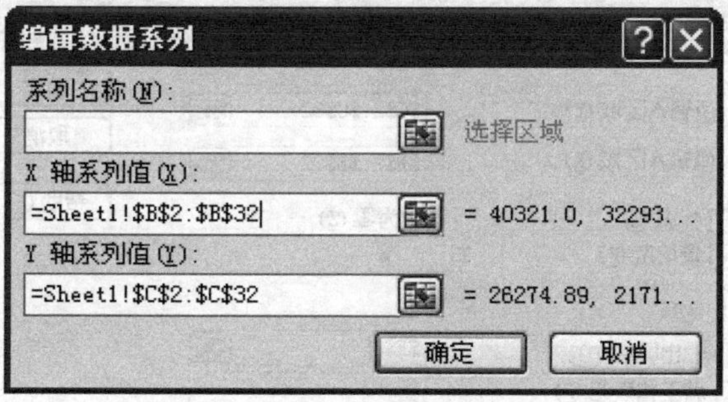

图 2-98 编辑数据系列

④ 选择散点图中的散点,点鼠标右键,选择添加趋势线,弹出设置趋势线格式对话框,如图 2-99 所示。选择线性,在显示公式栏打勾,确定,即得一元线性回归方程;

⑤ 也可以选择数据→数据分析→回归→确定,弹出回归对话框,如图 2-100 所示。在回归对话框 Y 值输入区域中刷入消费数据,在 X 值输入区域中刷入收入数据,在置信度中打勾,定义输出区域,确定,即得回归结果。

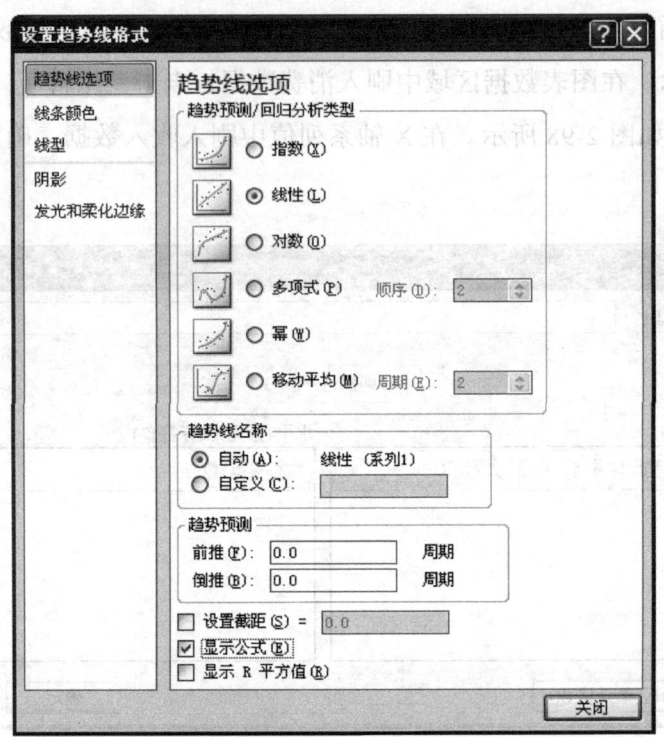

图 2-99　设置趋势线格式

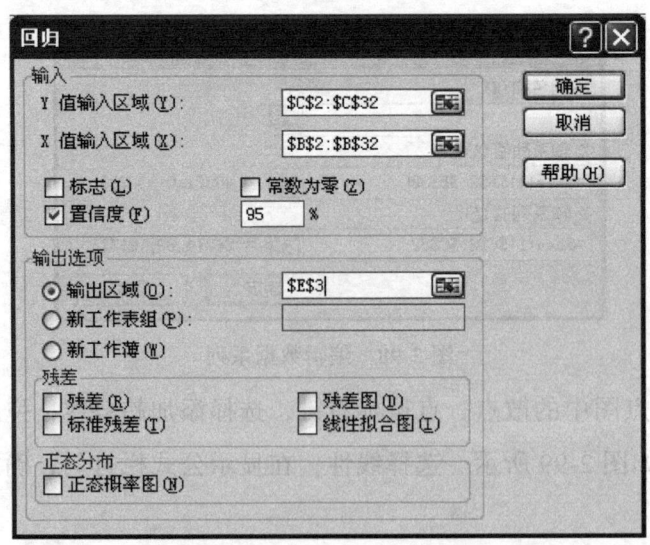

图 2-100　回归分析

（2）SPSS 操作

① 将 data10-1 数据导入 SPSS 中；

② 选择菜单:【分析→相关→双变量】,并将"可支配收入"和"消费支出"添加到右边的空白选项框中,如图 2-101 所示;

③ 点击"确定",即可在输出结果中看到相关系数;

④ 菜单栏选择【分析→回归→曲线估计】,并将"可支配收入"作为变量,"消费支出"作为因变量添加到右边的选项框中,得到如图 2-102 所示的对话框;

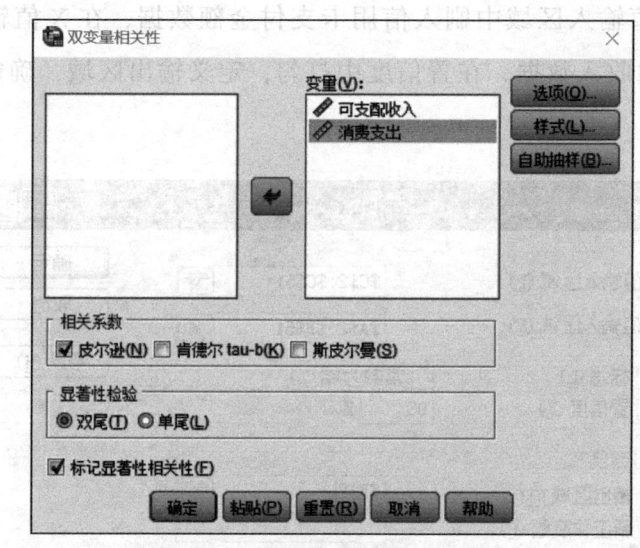

图 2-101 【双变量相关性】对话框

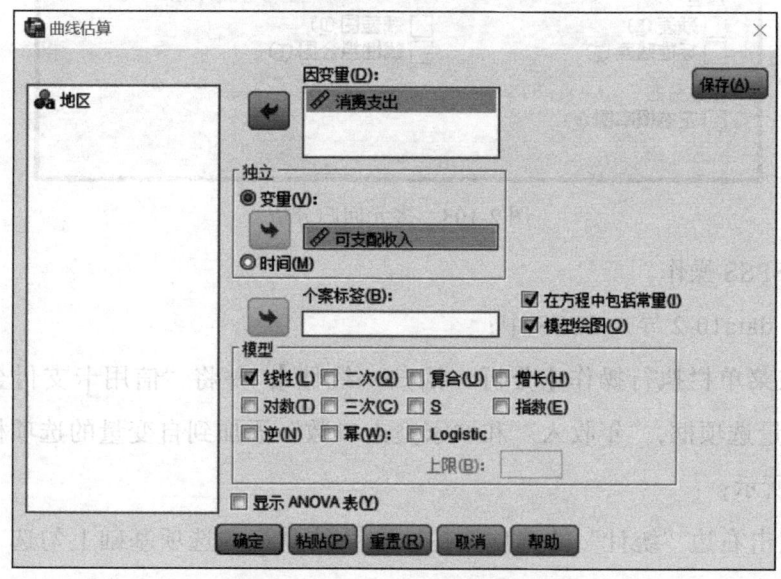

图 2-102 【曲线估计】对话框

⑤ 点击确定，即可在输出结果中得到散点图和参数估计值。

实验 10-2

（1）Excel 操作

选择数据→数据分析→回归→确定，弹出回归对话框，如图 2-103 所示。在回归对话框 Y 值输入区域中刷入信用卡支付金额数据，在 X 值输入区域中刷入年和家庭人口收入数据，在置信度中打勾，定义输出区域，确定，即得回归结果。

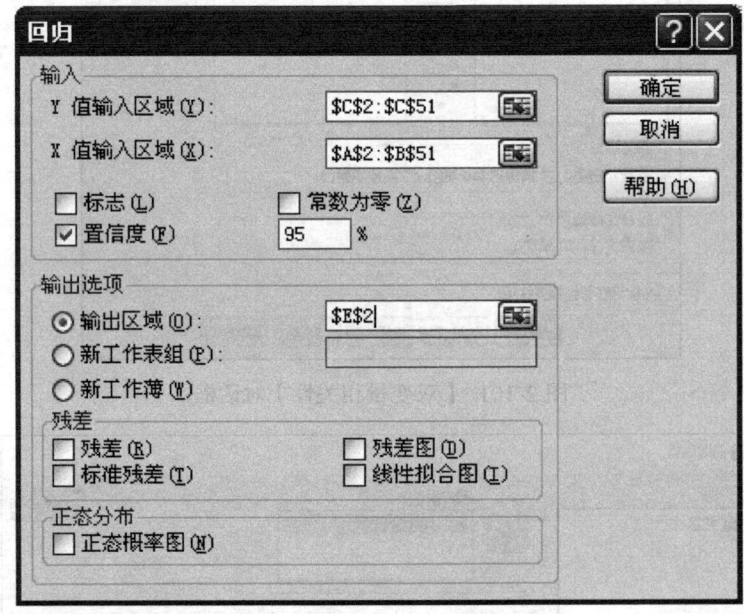

图 2-103　多元回归分析

（2）SPSS 操作

① 将 data10-2 导入 SPSS 中；

② 在菜单栏执行操作【分析→回归→线性】，并将"信用卡支付金额"添加到因变量选项框，"年收入"和"家庭人口数"添加到自变量的选项框中，如图 2-104 所示；

③ 点击右边"统计"的选项按钮，在系统默认的选项基础上勾选"置信区间"，如图 2-105 所示；

④ 点击"继续",在输出结果中可以得到二元回归结果。

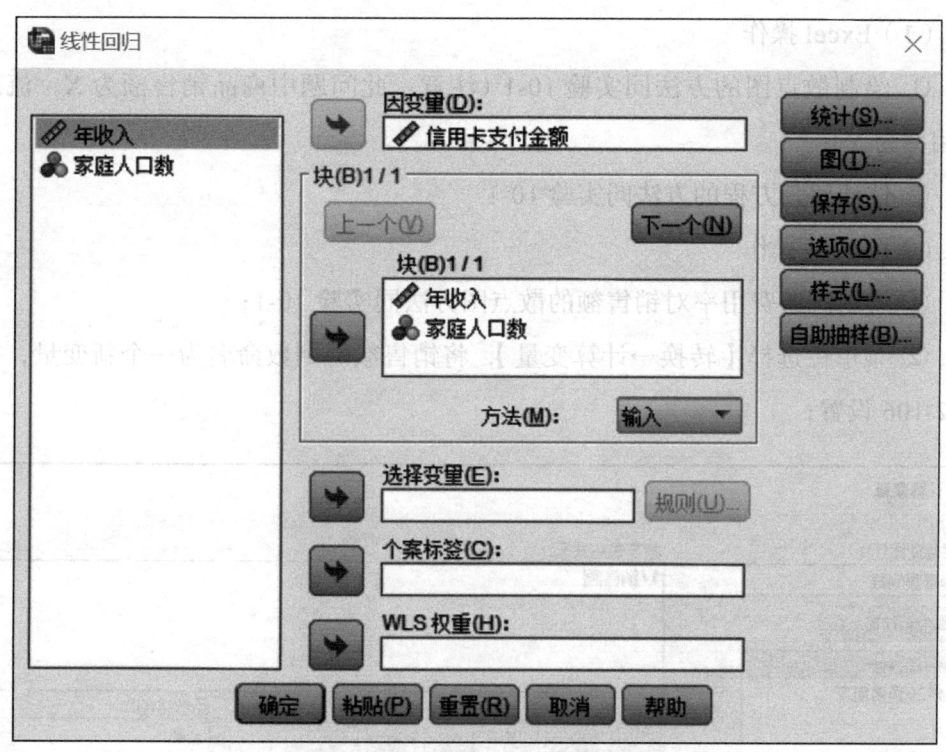

图 2-104 【线性回归】对话框

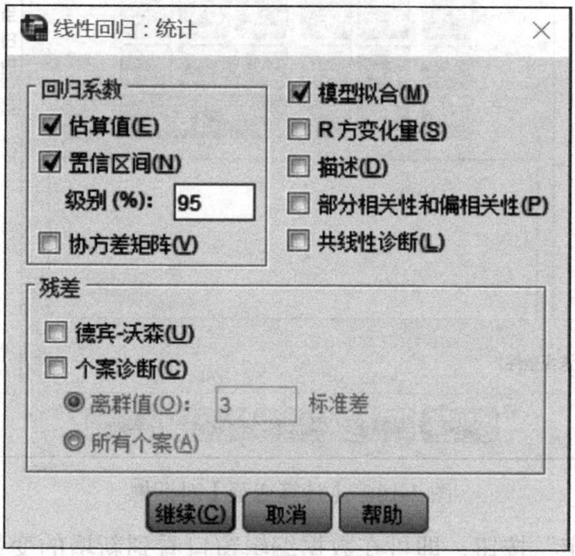

图 2-105 【线性回归:统计】对话框

实验 10-3

（1）Excel 操作

① 绘制散点图的方法同实验 10-1（注意：此问题中商品销售额为 X，流通费用率为 Y）；

② 估计回归方程的方法同实验 10-1。

（2）SPSS 操作

① 绘制流通费用率对销售额的散点图方法同实验 10-1；

② 菜单栏选择【转换→计算变量】，将销售额的倒数命名为一个新变量，按图 2-106 设置；

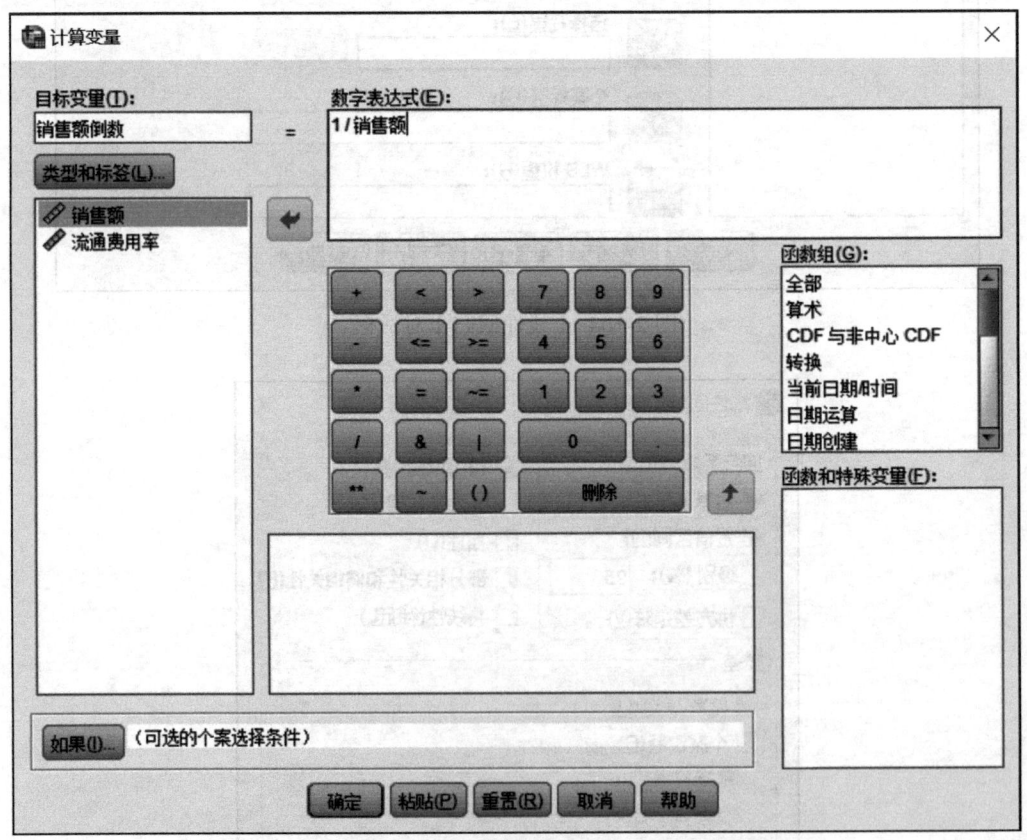

图 2-106 【计算变量】对话框

③ 点击"确定"按钮，即可在数据编辑窗口看到新增的变量；

④ 用新增的变量和流通费用率作散点图及回归方程的方法参照以上两个实验即可。

2.10.4 实验报告

（1）操作过程和步骤；

（2）实验 10-1 至实验 10-3 的计算结果和判断结果；

（3）回答实验 10-1 至实验 10-3 中的问题。

参考文献

[1] 宋廷山,等.应用统计学——以 Excel 为分析工具 [M].北京:清华大学出版社,2012.

[2] 莱文.商务统计学 [M].2 版.北京:中国人民大学出版社,2011.

[3] 戴维 R 安德森.现代商务统计 Excel 版 [M].2 版.张慧卉,等译.北京:清华大学出版社,2007.

[4] 凯勒·沃拉克.统计学——在经济和管理中的应用 [M].6 版.王琪延,等译.北京:中国人民大学出版社,2006.

[5] 戴维 R 安德森.商务与经济统计 [M].9 版.张建华,等译.北京:机械工业出版社,2006.

[6] 肯·布莱克.商务统计学 [M].4 版.李静萍,等译.北京:中国人民大学出版社,2005.

[7] 门登霍尔,等.统计学 [M].5 版.梁冯珍,等译.北京:机械工业出版社,2009.

[8] 冯力.统计学实验 [M].2 版.大连:东北财经大学出版社,2012.

[9] 卢黎霞.统计学——实验与习题指导 [M].2 版.成都:西南财经大学出版社,2016.

[10] 卢纹岱.SPSS 统计分析 [M].4 版.北京:电子工业出版社,2010.

[11] 张文彤,邝春伟.SPSS 统计分析基础教程 [M].2 版.北京:高等教育出版社,2010.

[12] 薛薇.统计分析与 SPSS 的应用 [M].4 版.北京:中国人民大学出版社,2014.